DE LA RIVE D'EUROPE A LA RIVE D'ASIE

COMTESSE DE NOAILLES

De la rive d'Europe à la rive d'Asie

DORBON-AINÉ
19, BOULEVARD HAUSSMANN, 19
PARIS

Cet ouvrage a été tiré à cinq cents exemplaires numérotés à la presse de 1 à 500, plus 25 sur papier Edogawa du Japon (texte réimposé de format in-4° avec frontispice à l'eau-forte tiré pour ces seuls exemplaires) numérotés de I à XXV.

Justification du tirage :

465

LES NUITS DE TURQUIE

LES NUITS DE TURQUIE

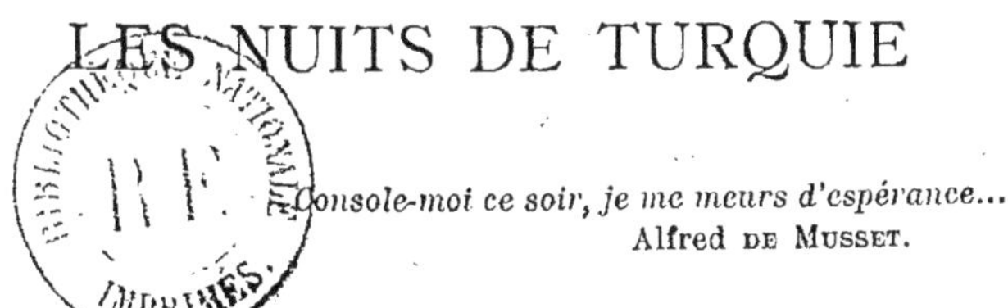

Console-moi ce soir, je me meurs d'espérance...
Alfred DE MUSSET.

Nous étions des enfants exilés depuis deux mois sur une rive du Bosphore, et que pénétrait de tristesse la beauté étrangère.

Avec l'injustice des imaginations fidèles, nous dédaignions tous les attraits d'un séjour nouveau et d'une organisation récente. Ah! pourquoi nous avait-on éloignés cette année des douceurs familières d'un lac en Savoie! Les jeux du matin, dans les jardins du coteau aride qui regardait l'Asie, nous semblaient sans précision et sans valeur; les longs après-midi sur les divans des vastes salles aux volets clos nous rappelaient les siestes de la convalescence; et, le soir, le quai du beau village turc où les dames Grecques, —

coquettes, riantes, bavardes, — se promenaient, coiffées d'une écharpe soyeuse, nous donnait le sentiment d'une flânerie mélancolique et sans but, d'un préparatif de départ; tant les enfants ne prêtent aucune stabilité aux endroits où leur cœur est sans habitudes heureuses.

Chaque jour, avant le dîner, nous allions jusqu'au village de Bébek. Debout sur les dalles de pierre que le soleil couchant transformait en pavés d'or, nous regardions la place de l'eau où les caïques, entraînés par les tourbillons du fleuve, oscillent désordonnément, tandis que les rameurs ont recours aux cordages qu'on leur jette du rivage pour les aider à franchir le bouillonnant courant.

Cette quotidienne minute de danger, ces voix rauques, pressées, véhémentes, la coloration des costumes éclatants et misérables, — enfin les efforts de l'embarcation, soulevée comme une flèche sur l'eau violente, — nous causaient le seul plaisir que pouvait nous donner cet été plein de regrets.

Et puis nous revenions par la rue obscure et défoncée où le marchand turc promenait sa hotte de raisins, débordante de grappes opulentes aux grains verts et roses : bosquet touffu au milieu duquel brûlait une bougie de cire jaune.

Nous rentrions par la terrasse dans la maison de marbre, où, sous les hautes voûtes dénudées, les pas et les voix précipitaient des sonorités confuses.

La peur des scorpions et des chauves-souris, la peur du soir, nous rendait graves, à cette heure où les enfants silencieux sont seuls, penchés sur l'angoisse de leur cœur, et s'étonnent de l'insouciance avec laquelle les grandes personnes frôlent distraitement les divinités de la nuit.

Le cœur dilué de mélancolie, nous nous couchions. On était au mois de juillet. La chaleur, au dehors comme dans les chambres, répandait un lent étouffement. Par les fenêtres, qu'on laissait ouvertes de toutes parts, le parfum et la rêverie des arbres, éveillés sous la coupole des cieux d'albâtre, venaient jusqu'aux moustiquaires des lits.

Beaux arbres témoins de la nuit, intrigués par la pensive clarté de l'espace, le cyprès, le figuier, l'aloès, le sycomore — les uns étroits et hauts, les autres ouverts comme une aile — élançaient vers la lune éblouissante leur rivalité contemplative et résignée.

Souvent, rompant le silence, un coup de canon éclatait au loin, annonçant un incendie, et la colline ainsi désignée s'embrasait.

Sur la terrasse, devant les fenêtres, passait, repassait le veilleur de nuit : homme trapu, basané, vêtu de jaune, de rouge, de vert, bariolé comme un divan de sérail. Les pistolets et les poudres, enfermés dans leur étui de bois, le cuirassaient d'une gaine rustique, semblable par ses fûts minces et inégaux à la flûte dont Pan joue dans le bocage avec les satyres.

Nous écoutions les pas paisibles du serviteur taciturne heurter les dalles, tandis que toute la nuit, lentement, sans eau, sans secours, le feu tenace et palpitant détruisait à l'horizon un village, puis un autre village, — pastilles ardentes que semblait allumer la perfide étincelle des cieux d'Orient.

— O veilleur de nuit, guerrier enfantin, barbare, sombre et sournois, frère des voleurs; toi qui, dans le jour, traînais sur le bord des cuisines avec les servantes arméniennes et les chats d'Angora; qui ne devenais terrible que le soir; buveur de rakhi; toi dont j'entendais les pas lourds, ennuyés, marteler la terrasse de marbre, et qui, innocent, souriais au brigand ton camarade, lorsqu'assis sur le rebord du puits, tu fumais avec lui le tabac roux et poivré, ô veilleur de nuit, ne t'inquiète pas du rôdeur, du bandit, du mendiant fatigué que tout ton attirail n'effraie point. Ne chasse pas les tristes chiens lunatiques. Mais, ô veilleur, garde-nous des doux effluves de minuit, du croissant de la lune qui, par la fenêtre, pénètre le cœur comme un cimeterre de coupant cristal; garde-nous du parfum des cyprès et du basilic qui flotte comme un secret appel de la rive d'Europe à la rive d'Asie. Garde-nous, pauvre homme armé, de ce vide vertigineux qui, dans les nuits de Turquie, règne entre l'eau miroitante et les cieux exaltés : fascination mortelle, abîme de la nature que l'homme comble avec le cri, avec les cris de ses désirs!

LES PETITES FILLES GRECQUES

Les petites Filles grecques

Je pense aux petites filles qui dansaient des rondes dans les jardins de Turquie, — petites filles grecques aux visages limpides et ambrés, qui semblaient arrondis par un délicat potier : Euphrosine, Aspasie, Cassandre, Espérance...

Quand le matin luisait sur les feuilles gommeuses du figuier, vous jouiez au croquet et lisiez l'Iliade, et les plus petites d'entre vous ramassaient dans le sable, à l'ombre du pin aromatique, des pignoles, — minces amandes blanches et résineuses.

Fières de votre sang précieux et enivrées des parfums de l'Asie, vous avez souhaité d'innombrables voluptés. Je me souviens de vos rêveries, de vos mélancolies, quand assises sur le petit mur d'où l'on voyait le Bosphore et les vergers de Beylerbey, vous mangiez à quatre heures des confitures de roses, de bergamotes, et buviez le verre d'eau glacée qui dans les journées de juillet recrée éternellement la soif et l'apaisement.

Vous rêviez d'Achille, du berger Pâris et des sultans de Bagdad, que des gravures, dans vos maisons, vous représentaient beaux comme Barbe-Bleue, assis sur des sophas de soie orangée, tandis que derrière eux, on voyait, par la fenêtre en losange de l'estampe, un cyprès jeter sur le ciel foncé son minaret de verdure.

Vous étiez violentes, orgueilleuses, jalouses. Je me rappelle vos disputes et vos cris, pareils à ceux des chats d'Angora qu'on entendait dans les nuits d'orage se quereller et se rouler sur les plates-bandes de jasmins. Parfois, dans ces jardins où la chaleur faisait grésiller les pistaches, l'une de vous, assise sagement sur un pliant de toile et dévidant un écheveau de soie, — ignorante mais chargée de tendres pressentiments, — fredonnait une sensible chanson de l'Ile-de-France :

Laissons le lit et le sommeil
Cette journée,
Pour nous l'aurore au front vermeil
Est déjà née.

Lorsque le jour est le plus gai
En ce gracieux mois de mai,
Aimons, mignonne,
Contentons notre ardent désir,
En ce monde n'a de plaisir
Qui ne s'en donne...

Hélas! rien n'est venu pour vous; les journées passent et déçoivent dans le plus beau pays du monde. Le soleil et les étés ont fatigué vos doux visages; il est un jour où on ne peut plus espérer, où, debout sur la terrasse bleuâtre qu'enivre le miel épais des glycines, on n'a plus ce délire dans la solitude, ces bras ouverts, tendus vers le ciel étoilé, cette fièvre orgueilleuse par qui, dans les nuits chaudes, les jeunes femmes se disent, enflammées : « Les dieux voudraient avoir un fils de mon sang! »

Un jour vient où les rêves et l'espérance traînent derrière nous comme un filet détendu qui suit le sillage de la barque; nulle écaille d'argent ne se prend plus à cette résille languissante. Ah! ces jours-là, qu'il est dur le voluptueux, le torride Orient! Tout enfant j'ai deviné ses cruelles négligences.

Je me souviens et je songe.

C'était avec les petites filles grecques, âgées comme nous de huit ans, que nous jouions sous les figuiers de la colline, mais nous étions curieuses surtout des secrets de nos jeunes tantes, aux yeux si beaux. Bien que toujours oisives, étendues ou errantes, elles semblaient pourtant animées d'une impatiente et perpétuelle ardeur, qui donnait à leur immobilité même l'aspect d'une course rêveuse. Les jeunes gens qu'elles aimaient et qui les ont vu pleurer ont su quelle fièvre fougueuse consumait ces nonchalantes !

Dans la franchise de notre extrême enfance nous les plaignions obscurément d'avoir vingt ans ; leurs délicats visages nous paraissaient déjà ridés, à la manière de l'eau lisse des bassins, qui sous une tiède brise se fronce comme une gaze d'où l'on tire un fil de soie.

Oui, je m'en souviens, c'est bien une sorte de pitié tendre qui de mon cœur allait vers elles, lorsque je les voyais lire négligemment ou s'éventer sur les divans des vérandas en bois ajouré, — dont quelques-unes plongeaint au ras de l'eau, comme des cages suspendues ou des barques à l'amarre.

Ah ! si les perles fatiguées puisent à nouveau,

dans le sel bleu des mers natales, l'éclat de leur première candeur, pourquoi les buées qui montent du Bosphore vers les fenêtres accueillantes ne peuvent-elles rendre aux jeunes femmes orientales leur touchante, leur indispensable beauté?

Ce grand souci de la beauté, — l'orgueil et la tristesse qu'elle dispense, — je l'ai pressenti et porté dans les brumes de la conscience enfantine, le jour où, serrée au fond d'un landau séculaire, j'ai fait lentement, par la route cahoteuse, le trajet qui va d'Arnaout-Keuï à Constantinople. On nous conduisait chez le photographe Abdullah.

Comme un globe d'azur couleur de saphir, l'atmosphère éclatante et foncée enveloppait le chemin, les jardins, les murailles, et semblait s'insinuer sous toutes les choses pour les détacher du monde, les soulever, et les faire flotter dans l'espace immense et léger.

Nous allions chez le photographe. Autrefois c'était toujours un homme important et grave, unique dans la région qu'il habitait, et la renommée de celui-ci attirait les mères et leurs enfants. Pendant ce long trajet, torride et fastidieux, du village à la ville, je contemplais l'horizon opaque, les maçonneries d'un blanc de camphre d'où jaillissaient les hauts cyprès, les cimetières écumant de pierres blanches, — et je vis, enfin, Constantinople.

Je me souviens de grandes places désertes et sans ombrages sur qui le destin semblait appesantir un ciel trop bleu, un aérien et inexorable incendie. Les coupoles des mosquées s'arrondissaient comme des îles arides au-dessus des blancs terrains dévastés.

Aux portes des bazars, les marchands empressés traînaient des tapis, des meubles, des plats de cuivre, qui venaient déferler, vague bigarrée, aux pieds des voyageurs; et, de place en place, des amoncellements de fruits énormes, gonflés d'eau, formaient de fraîches oasis pour la soif. Néanmoins ces points colorés et vivants n'atténuaient pas le poignant aspect de désert, de sol écorché et mis à vif que présentait la cité fameuse. Mais, vite indifférente à la ville que je traversais, négligeant les trop molles et trop fades sucreries turques qu'on nous avait achetées, je savourais avec gravité cette pensée délicieuse, débordante, — que nous allions chez le photographe.

Ainsi donc, on nous le prouvait par l'application qu'on avait mise à orner nos cheveux et nos robes, l'essentiel, dans la vie, est ce visage éphémère, porteur de l'âme et des causes, par qui s'accomplira la destinée! O beauté, terre de Chanaan, chemin prophétique par où vont s'avancer les riches caravanes!

Certes, on nous faisait connaître chaque jour qu'il est nécessaire d'être sages, studieux, obligeants, attentifs à obéir. Mais nous avions bien vu que si une des petites filles, en jouant, tombait et se heurtait le nez, le regard maternel s'imprégnait d'une détresse si soudaine et si vive, qu'il nous apprenait aussitôt par quel lien subtil la beauté du visage communique avec la vie même, puisque la crainte de voir la grâce de sa fille altérée suspend le souffle chez celle qui a créé.

Innocentes images de la beauté et de l'amour, qui pourra dire quelle perfection vous atteignez dans le cœur d'une enfant, lorsque, par le respect de son visage, elle commence à connaître sa valeur mystérieuse et son abondant devoir!

Divin instinct de la prodigalité, désir de posséder pour donner, sublime pauvreté du riche qui, s'étant dépouillé de tous ses biens, gît sans recours aux pieds de celui qu'il a favorisé, éternel sacrifice de l'amour que toutes les femmes brûlent d'accomplir, vous naissez en nous au moment même où nous devinons que le destin habite le visage !

J'ai gardé le souvenir ineffaçable de ces soirs d'été, pleins de promesses pour les enfants qui songent, où, penchée sur des livres romantiques ornés de rêveuses gravures, je considérais les héroïnes de lord Byron, de Lamartine, de Hugo, de Musset, et leur demandais le secret de leur empire sur les cœurs de génie.

Visions ineffables et confuses des Antilles mélancoliques, où, sous un saule musqué, les dames de 1830 se promènent, tenant à la main le disque de soie d'un parasol à franges ; sultane songeuse, au front limpide sous un voile orné de sequins, — caressant la longue mèche de vos cheveux lisses, dépliés ainsi qu'un châle sur votre épaule aussi ronde qu'un dos de tourterelle ; jeune Espagnole de Cadix qui mordez un magnolia et riez de savoir que le coup de talon de vos danses est plus redoutable aux hommes que la fureur des chevaux emportés ; ô vous toutes, habitantes des livres jaunis au parfum de santal, quel voyage vous m'avez fait faire dans le fascinant avenir!

Mais je ne veux point m'éloigner des enfantins souvenirs de cet été passé près du Bosphore, et je songe à la tristesse que j'eus un jour de fête aux Eaux-Douces d'Asie.

Sur une longue plaine au bord de l'onde, des dames mahométanes, enfermées jusqu'aux yeux dans leur manteau de soie pourpre, indigo, cramoisie, étaient assises. Le soleil baissait. Auprès d'elles, sur des guéridons incrustés de nacre bleue et de corail, brillaient de petites tasses en orfèvrerie barbare où séchait la poudre de café. Elles étaient là, calmes, mélancoliques, dans ce soir vide, dans un de ces trop beaux soirs qui aspirent le sang du cœur. Elles semblaient un pensif troupeau humain, rassemblé par une vague et sublime espérance, et qui attend sur quelque embarcadère du bonheur...

Elles attendaient; des marchands turcs criaient, se disputaient dans les barques à demi-brisées où ils entassaient des jattes de sorbets et des pâtes de fruits. La tristesse du crépuscule enveloppait d'un manteau plus épais, plus jaloux, plus secret encore que leurs mantes gonflées, ces sultanes et ces esclaves. Elles attendaient. Quelle promesse leur avait-on faite dans leur enfance? Promesse de plaisir, de félicité, de céleste départ? Pressées au bord de la rive, — passagères mélancoliques, — elles semblaient attendre l'appui de tout ce qui passe et voyage, le flot, le nuage, le vent...

Elles ont attendu toujours, sur cette rive enchantée du Bosphore qui est une plage languissante, une halte immobile au bord de l'éternité heureuse.

— Petites filles grecques qui jouiez en Turquie dans des jardins de roses, et qui portiez des noms précieux, — Smaragde, Eryphile, Roxane, Chariclée, — vous aussi vous avez espéré, et votre temps est passé. Comme les colombes qu'on ne voit pas mourir, enfoncez-vous, au chant des fontaines, dans les blancs cimetières qui bordent la route de Rouméli-Hassan, et qu'embaument les cyprès, les serpolets, le thym funèbre, le balsamier. Qu'elles résonnent pour vous les prières des basiliques de Saint-Bacchus et de Sainte-Pasiphaé, qui mêlent à l'appellation mystique les noms du délire!

Confondez-vous avec ce sable ardent qui dévore comme la chaux vive; ramenez sur vos visages le voile violet de la mort, vous qui n'aimiez que votre beauté, et qui, comme des palmiers sur les rives, avez attendu chaque soir que le vent vous apportât le flottant désir des hommes!

MÉDITATION DEVANT LA DÉPOUILLE DE THAÏS

(Un matin au Musée Guimet)

MÉDITATION DEVANT LA DÉPOUILLE DE THAÏS

(Un matin au Musée Guimet)

Entourée de palmes tressées, fendues et jaunies par les âges, pressant entre ses mains d'antiques fleurs semblables à un petit bouquet de lavande, Thaïs la courtisane étend sous la vitrine du musée ses jambes sèches, couleur de bois de rose. Deux délicates chaussures d'argent mou restent pendues au bout de ses os cramoisis. Renversé et pourtant dressé, le visage vidé, où collent des cheveux, épouvante. Il garde un frêle collier de verre multicolore, qui se relâche comme la corde au col d'un supplicié.

Ainsi roide, décharnée, loqueteuse, cette enivrée d'amour qui, autrefois, — vivante et dansante, — portait tout le ciel égyptien sur sa poitrine comme ses modestes compagnes attachaient à leur cou un scarabée de pâte bleue aux ailes éployées, ressemble à quelque vagabonde qu'on a ramassée dans la rue et jetée sur un banc d'hôpital.

En vain l'écharpe teinte dans la pourpre des rois roule autour de ce crâne et de ce cadavre ses flots tumultueux qui font songer aux vagues du Cydnus reflétant la voile rouge de Cléopâtre : la mort a fait de Thaïs-la-voluptueuse une mendiante fatidique, acariâtre et grimaçante.

Près d'elle, le moine Sérapion qui l'a aimée et redoutée, n'offre plus que l'aspect d'un branchage desséché, mais une ceinture aiguë et des anneaux de fer impriment encore à son squelette les froissements de la pénitence. Voici donc, réunies sous cette vitrine, la Chasteté et la Volupté, toutes deux décomposées, tragiques et narquoises ! Mais, tandis que l'anachorète Sérapion nous étonne et nous irrite, comme un forcené qui ne veut rien entendre et qui, sans apaisement, perpétue son tourment acharné jusque dans le néant frivole d'un cube de verre, la plaintive courtisane émeut par son abandon sans recours et son patient reproche : pauvre Thaïs, vivante elle n'eût accepté aucun des gestes que la faiblesse de la mort lui impose ! Ses jambes adroites, ses mains, son visage, dont elle jouait avec une précise agilité, comme joue du luth un jeune Bacchant, ont l'indigence de l'instrument rompu d'où s'est envolée la mélodie...

En l'arrachant du sol antique, en brisant son cercueil, on a trahi sa profonde confiance, car sans doute, — mourante et lassée de la vie, — eut-elle faim de la terre comme elle avait eu soif de l'azur égyptien, dans les jours étincelants où elle habitait sa maison de chaux, contre laquelle, vers midi, un groupe de jeunes palmiers jetait son triangle d'ombre noire et de fraîcheur.

— O morte en bois de rose, devant vos tristes débris, moi qui respire la douce lumière de ce matin de mars où naissent les jonquilles, et qui, oubliant toute peine, dis à la vie : « Si je n'avais existé qu'un jour, je vous remercie, » devant ces ossements qui furent votre grâce secrète, j'évoque votre destinée. Fûtes-vous heureuse, fûtes-vous tendre ? On ne peut savoir ; on vous accusait sans doute d'insouciance et de dureté parce que vous étiez belle, et que la beauté a quelque chose qui menace chaque fois l'homme qui possède, s'inquiète et s'irrite. Du moins avez-vous aimé, je le pense, votre premier et votre dernier amant. Encore petite fille, quel fut l'homme dans les bras duquel vous avez pour la première fois refugié tous les rêves de la longue enfance, toutes les images doucement accumulées dans l'esprit depuis l'âge de la cinquième année, où déjà la douceur du soir, l'énigmatique haleine des feuillages, les toits des maisons silencieuses et le mol tourbillon de l'été qui danse dans les airs, font défaillir d'espérance et de désir? Comme elles semblent longues les années de l'enfance où il faut garder tout son cœur en soi!

Alors — sans doute aviez-vous onze ans, car l'Orient précipite la vie, — vint l'homme adroit et patient dont le regard contenait ces routes intérieures qui vont vers l'âme, où le but semble indéfiniment reculé, et où l'on avance en chancelant.

Mais une enfant, même dans l'ardeur de l'Egypte qui repose entre l'azur et l'eau comme un grand tombeau exaltant la vie, s'effarouche. Et je pense, Thaïs, que malgré l'émotion haletante des rencontres sur les terrasses, dans l'arome des roses et des bananiers, malgré les courses aux bazars sur le dos musqué des petits ânes blancs, malgré les soirs où la palpitation accélérée des étoiles fait que, près d'un ami langoureux, l'innocence soudain se confie comme une peine et pleure comme une déception, — malgré tout cela, vous repoussiez la tendresse de cet aîné robuste, qui, désespérant de vous convaincre par ses promesses de bonheur, soupirait près de votre cœur orgueilleux qu'il ne persuadait pas : « O mon amour, que ne peut-on t'infliger le plaisir ! »

Mais vous grandissiez, et, bien que cherchant à le fuir, pressée par tout l'univers, vous couriez nécessairement dans ses bras. Un soir plus beau que les autres soirs, vous avez dû vous sentir désarmée comme quand toutes les objections sont usées, fatiguées. Parce que votre raison et votre tristesse n'avaient plus d'arguments contre cet homme habile et doux, vous avez dit, sans joie et sans résistance, acceptant un sort que vous ne désiriez pas : « Je vous suivrai où vous voudrez... »

Où vous mena-t-il, tandis que votre mère faisait cuire le repas du soir, et que l'odeur des aubergines débordait d'un plat de terre bleue ? Il vous menait par la rue étroite, vers une salle de sa maison. Vous lui étiez reconnaissante de ne pas vous demander votre consentement, de vous fixer une destinée quand votre être flottant n'avait plus la force de choisir.

Vous l'avez suivi ce soir-là comme les petits ânes blancs suivent leur conducteur intelligent. Mais une fois enfermée dans sa demeure, loin de ceux qui vous ont soignée et bien gardée, loin de votre jardin tranquille où la tourterelle sommeille dans l'amère senteur du sycomore, loin de la lune du soir qui est votre amie et qui vous rassurait, — enfin séparée de tout et n'aboutissant qu'à lui, qu'à cet étranger, — avez-vous pleuré d'angoisse et de désespoir ?

Quelle surprise vous fut toute chose! Vous passiez de l'enfance pudique à la connaissance d'un amour emporté. Retenant sur vous vos robes que votre ami déchirait, vous avez obscurément compris la suprême douleur du corps, et, comme les futures chrétiennes, vous avez sangloté de tristesse sur cette humilité de l'amour humain. Là où la nature épargne les bêtes, laisse aux susceptibles colombes, à la louve furieuse, le vêtement des ailes et de la profonde fourrure, elle impose à la plus délicate créature cette grande frayeur. Pour le courage, pour la fierté, pour les combats, pour le prestige, le corps se recouvre de vêtements imposants, et cette amplitude fortifie l'orgueil; mais dans le premier amour vous avez connu votre faiblesse et votre dénûment. En vain vous vous débattiez contre la présence de votre amant, il était près de vous, non comme le compagnon pitoyable, mais comme l'ennemi, le destructeur et l'orage.

Enfin, chère Thaïs, j'imagine qu'après beaucoup de résistance vous avez cédé doucement à ce grand attrait de l'être pour l'être, qu'exalte encore la douleur. Les veines collées contre ses veines, ayant tant accepté d'angoisses, vous fûtes inséparable de votre ami. Je sens que vous l'avez beaucoup aimé; je crois vous voir, encore grêle et n'ayant pas toute votre taille qui fut si longue, dansant sur le divan de laine au dessus de cet ami satisfait; quelquefois posiez-vous en riant votre pied nu sur sa poitrine pour le plaisir de lui dire, vous qui l'aimiez tant: « Je mets mon pied sur ton cœur? »

Enfin, Thaïs, plus tard, vous avez dû le quitter parce que vous étiez trop jeune pour un amour fidèle. Je ne vous demande pas combien de tendres, de suppliants visages vous avez accueillis sur votre épaule jusqu'à ce dernier amant dont je veux vous parler. Je pense que vous fûtes comme Cléopâtre qui, dans les faubourgs de sa ville, se jetait entre les mains des rameurs, des esclaves, des porteurs d'eau, et qui, parmi tant de risques et d'injures, reconnaissait sa propre volonté, et, suprême orgueil, pensait : « Je me pardonne. »

Si coupables que soient à mes yeux le cœur de la reine d'Egypte et votre volage fureur, je tâcherai de ne vous faire aucun grief. Le printemps déjà aigu dans les pays tempérés, lorsque l'étendue est une vasque tiède et laiteuse, et que, le soir, la circulation des parfums, des graines, des brises, fait penser à des messagers enivrés préparant dans l'espace un lit divin, — le printemps doit être plus fort que toute raison sous le ciel égyptien.

Allongée sur des tapis odorants, les mains enfoncées dans la fraîcheur des fleurs vives, vous vous assoupissiez au son des musiques monotones ; la nonchalance et le désir, esclaves invisibles, vous éventaient avec des plumes africaines...

Je trouve votre excuse ; — j'essaie de comprendre que, l'émotion sacrée, vous l'avez voulu chercher dans des milliers d'yeux. A tant d'hommes, à tant de pèlerins qui vous demandaient du bonheur, hélas, qu'avez-vous donné? Sans doute leur allégresse et leur contentement ne vous rassasiaient pas, et vous avez aimé plutôt de les voir souffrir; vous saviez qu'on ne s'assure de l'amour que par la tristesse : « O mon ami, leur disiez-vous, dans la vie où tout est labyrinthes, ténèbres, confusion, je n'ai compris quelque chose qu'à la douleur! »

Et puis le temps passa; votre jeunesse vous quittait. Une science méditative et mélancolique se substitua à votre triomphante énergie. Comme un immense réseau sensible, les fils du monde aboutissaient à votre cœur et aux paumes de vos mains. C'est à ce moment qu'un seul être vous donna ce que vous aviez si longtemps cherché. Ce dernier amant, vous l'avez goûté, je le devine, avec une impérieuse fureur, comme Achille aimait les jeunes filles. C'était un adolescent, maigre, beau, brûlant, et probablement d'âme insignifiante, mais qu'aurait-il pu vous apporter? Il suffisait qu'il vous parût délectable dans ces moments éblouissants et tendres, où, au regard d'une amante éperdue, tout l'être devient émouvant et la douceur des joues émet de la lumière.

— Quel bonheur pour vous, le matin, lorsque l'air est joyeux et plein d'espérance comme un navire sortant du port, de courir vers cet enfant léger qui venait vers vous lentement, par la route déjà chaude, — lentement, — avec cette rêverie et cette nonchalance de la jeunesse que le temps ne hâte pas. « O mon amour, lui disiez-vous, pressez-vous, le temps est court; venez dans ma maison, dans mon jardin de palmes et de roses où les vagues de la chaleur semblent écumantes de parfums. Vous goûterez la plénitude et le repos sous cet azur poli du ciel par qui la chaleur semble fraîche! Ne parlez pas, ne dites rien, respirez, vivez; l'oreille appuyée sur votre sein charmant j'écouterai la force de votre cœur. Le soleil pend sur ma terrasse comme un tapis déroulé ; les arbustes odoriférants suffoquent, et leur parfum s'efforce comme une âme comprimée qui cherche les cieux... »

Ainsi vous entraîniez l'adolescent. Mais une souffrance déchirante se mêlait à vos délires. Cette créature humaine, vous vous l'étiez rendue trop précieuse, cela dépassait l'amour. « Demeure immobile, lui disiez-vous dès qu'il bougeait, ne fuis pas, que je puisse oublier que tu es vivant, errant, nourriture de mon cœur! Chacun de tes gestes déplace mon désir; ton silence, ton sommeil, ta demi-mort seuls peuvent me satisfaire; ne m'oblige pas à bondir autour de ta vie comme un animal hagard qui cherche à arrêter sur le sable l'ombre d'un ramier volant! »

Alors naquit en vous la tristesse chrétienne, et ce mysticisme qui marque la fin de votre vie. Ce que vous avez quitté, Thaïs, quand le moine Sérapion vint vous voir et vous exhorter au repentir, ce que vous avez quitté, ce n'est pas le plaisir — comment quitterait-on le plaisir? — c'est toute la douleur de la terre. Lui, que vous aviez si souvent chassé par vos rires, il vous trouvait maintenant voilée de larmes, désabusée, vaincue. Il put croire que vous pleuriez sur vos fautes, mais vous pleuriez de pitié sur votre langoureuse peine. « Venez, — s'écriait-il, — vous voici prête, ma sœur, pour la pénitence et la réclusion. » — « Ah, — lui demandiez-vous avec une dévorante espérance, — la faim, la solitude, la torture dans les couvents, peuvent-elles être plus fortes que le bonheur, que les regrets, plus fortes que le souvenir? » Il vous assurait que oui, et vous l'avez suivi.

Qui peut savoir quels furent votre détresse et vos soupirs dans la cellule où vous fûtes enfermée? Partout où il y a de l'air, il y a le souvenir du plaisir. Pour une âme aussi exercée que fut la vôtre, un mur de chaux où, à midi, brille un stylet de lumière, le bourdonnement de l'été, le ciel du soir qui tressaille sous le poignard des étoiles, et, — la nuit, — la perfide trahison des rêves, évoquent le passé jusqu'à la sueur de sang. Dans les lentes et désertes journées, vos bras vides tendus vers l'espace, avez-vous songé aux mains de votre amant, plus somptueuses pour vous que le Delta du Nil, — sèches, brûlantes, veloutées comme la peau des premières figues? Avez-vous pensé à ses yeux d'adolescent, si beaux aux heures où la rêverie sacrée luit et se maintient dans le regard avec la fixité penchante des soleils couchants?

Comme la poussière du désert qui se glisse jusqu'aux entrailles de l'homme, l'atroce mélancolie pénétrait-elle vos vêtements, votre couche, votre breuvage et les parois de votre cœur?

Les minces repas qu'on vous servait par une

fente de la muraille soutenaient encore trop votre imagination bondissante: vous les avez négligés, vous vous êtes laissée mourir. Le vîtes-vous approcher avec transport, ce moment de la mort où vous vous êtes vengée de votre ami en pensant que, morte, enfin vous ne l'aimeriez plus, et qu'ainsi commençait sa subtile destruction?

— Aujourd'hui, vous voilà sous mes yeux, longue morte aux tons de rose fanée. Votre squelette couleur de santal semble un bois aussi vénérable que celui des rosaires bénis.

Exemplaire, sanctifiée, puissante, vous reposez sur des palmes tressées que déposèrent dans votre tombeau, il y a deux mille ans, des religieuses innocentes qu'édifiait votre repentir; mais je ne vois que le petit collier de verre multicolore, humble joug de votre vie frivole, et votre long voile de pourpre qui perpétue autour de vous les flots soulevés de votre sang passionné...

EN ESPAGNE

EN ESPAGNE

Il faut d'abord avoir soif...
STE-CATHERINE DE SIENNE.

Je pense qu'il est pour chaque être un point du monde où soudain lui apparaissent groupés tous les rayons du rêve épars, et, sur une terre encore étrangère, il se sent retenu par des racines nouvelles, mais si profondes qu'en lui va circuler toute la sève enclose depuis des siècles dans le mystérieux terrain. Ce fut pour moi, de l'autre côté d'Hendaye, la petite ville de Fontarabie.

— Petite Fontarabie sur la Bidassoa, vous n'avez pas les syllabes éclatantes de Salamanque ou du Guadalquivir, vous ne brillez pas dans l'imagination comme Bilbao ou comme Vallã-dolid, mais du fond de la barque où j'étais étendue, je vous regardais approcher, et, me tournant encore vers Hendaye, j'étais émue de ce mystère qui rend si dissemblables, si marqués de leur race et de leurs passions deux fragments de terre que sépare un ruban d'eau.

Là-bas la France, ici désormais l'Espagne...

Aucun rayon de la grande gloire ne tombe sur cette ville oubliée, qui, pourtant, âpre et brûlée, avec ses toits plats et sa lourde église, annonce toute sa contrée. Sur un étroit monticule elle tourne, s'élève, mystérieuse, noire, couleur de soufre : il semble qu'elle ait pris sur quelque bûcher cette teinte de fumée et de flamme, au temps où l'Espagne catholique allumait ses hauts incendies. Une oppression nous étreint. Mais on aborde ; la pierre où les pieds s'appuient est veinée d'écarlate ; déjà cette ardeur dévoilée, ce pompeux accueil ! Franchissant la jetée de granit vermeil nous atteignons le sol même, d'une teinte ocreuse, torride aux regards. Et voici que sous un ciel païen, plus exalté que les chants d'Homère, une cloche sonne ; aussitôt on a reconnu les deux puissances de ces lieux : l'enivrement et le tombeau. On lève la tête, on voit l'imposante, la maussade église ; tout l'azur, qui dans l'espace s'étale sans limites, sans se disjoindre, et semble rouler autour de la terre, ne la baigne pas et ne la pénètre pas : ce sont des royaumes ennemis. Par les plus chauds après-midi d'août le clocher espagnol conserve sa gravité ; sa pierre compliquée, travaillée en retrait comme les alvéoles, repousse les complaisances de l'air, les crépitements du soleil, se fait à soi-même de l'ombre. Ce lourd bijou d'une teinte d'or a la sourde lueur de la topaze ternie. Qui officie dans cette noire église ? Sans doute un pêtre impétueux, cruel, un frère de quelque beau tueur de taureaux ; et la cloche, qui sonne encore, comme un couteau courbe m'entre dans le cœur.

Avant de visiter l'église je veux voir le paysage, et je vais jusqu'à la mer où glisse un mol sable orangé. De solides cabanes, battues par le vent salé, sont plantées dans ce désert amer ; elles étalent leurs dures couleurs jaunes, blanches, vermillon au bord de la vague si bleue ; et ces tons crus et rapprochés, comme on en voit aux costumes des paysans, ont déjà une âcre puissance : c'est l'Espagne, sordide, violente, striée d'ocre, de poix, de chaux, ravagée par la clarté, — et rouge piment du monde !

Je monte vers la ville, voici les rues merveilleuses : calle Mayor, calle de Las Tendas, vieilles petites rues intactes, où les maisons s'alignent, éclatantes et diverses comme les perles des bazars. Les toits, sculptés plus soigneusement que les corniches d'un palais, en s'avançant abritent les miradors, les précieux balcons, les rampes de fer verni. Noires et blanches, fragiles comme des vitrines, ornées aux fenêtres de dentelles aussi délicates que les écharpes des madones, faibles sous les diadèmes de leurs toits trop beaux, ces demeures semblent n'être là que pour des scènes de galanterie et de plaisir.

Un œillet jeté ébranlerait toute la mince façade.

Dans ces rues exiguës, pareilles à de somptueux couloirs, on imagine les rôles de l'ingénue, de l'intrigant, du jaloux et du barbier. Les yeux levés, je regarde : au-dessus d'un si étroit espace, des mains tendues relieraient l'un à l'autre les miradors ; en se penchant les amants pourraient s'embrasser. Toute cette ville semble faite pour des courses nocturnes, pour les furtives trahisons ; on croit voir les portes battre, les fenêtres s'ouvrir, se fermer, Almaviva presser Rosine, et les tuteurs apparaître, bafoués, trompés, en robe de chambre, en bonnet de nuit. Ah! si l'on entendait une guitare! Et voici qu'une guitare s'accorde, retentit...

On écoute; d'abord on demeure insensible; l'oreille accueille défavorablement ce tapage monotone, sans langueur, sans flexion, cet orage sur des fils électriques. Mais le joueur s'acharne, s'étourdit, s'enivre, le bois de l'instrument autant que les cordes résonne; cette guitare semble une planchette large et lisse où l'on a fixé des nerfs. Quel amoureux ébranlement! quelle rage! quelle colère des mains, des pieds et des dents! Musique barbare, irritante, sans douceur qui parle au rêve; aucun enjôlement, mais la brutale puissance d'un cri qui ne veut se taire, d'une incurable volupté, qui ne veut ni l'apaisement ni la mort. Que ce soient des habañeras, le tango trépidant, la malagueña, c'est toujours cette même rapide bacchanale, qui fait, dans toutes les Espagnes, les hommes frapper leurs paumes d'une cadence sèche et serrée, tandis que les danseuses heurtent le sol de leur talon précis comme le sabot du bouc, et mêlent, dans les contradictions de leur jeu frénétique, la passion et la révolte.

Soudain, au haut de la ville, un cri de femme s'élance, violent et long, auquel du bas de la ville répond un cri semblable; cri terrible, déraisonnable, qui, dans nos cités, annoncerait l'assassinat ou l'incendie, et, dans ce pays d'expansion suprême, sert à vendre le poisson que ces jeunes femmes portent sur la tête, dans de plates conques d'osier.

Je quitte la rue stridente, jaune et rouge, et j'entre dans la sombre église. Chez quel Dieu suis-je, qui veut tant de ténèbres et de larmes, qui veut surtout une rigoureuse étiquette, un si pesant cérémonial?

Tout ce que le siècle de Louis XIV a inventé pour ses réjouissances, pour le mariage des dauphines, d'heureuses draperies, de tentures envolées, de profanes alleluias, ici sert au deuil. C'est une cour. Les saintes vierges semblent moins des mères désolées que des dames d'honneur participant aux catastrophes du palais, et occupées à bien seconder la douleur de leur maître. Elles ne sont ni tendres, ni saintement torturées, ces mères divines qui ne s'appliquent pas à nous faire aimer leur Enfant Jésus. L'une d'elles, vêtue de velours sombre et de dentelles, sorte de duègne magnifique, le tient négligemment, comme un bouquet, un éventail; mais ses yeux limpides sont levés vers le ciel dans une extase poignardée. Une autre, en manteau noir, a le tumulte des nuées d'orage et le mystère de la foudre. Une autre encore, statuette de bois peint, debout dans un camail de taffetas cramoisi qui s'écarte comme une pivoine expirante, élance son regard avec la rapidité du parfum et des fusées.

Elles nous donnent le spectacle de l'exagération aisément supportée, ces infantes aux joues voluptueuses, et ce qu'on leur demande du fond du cœur, ce n'est ni l'espoir, ni le repentir, ni une bonne mort, mais la grâce d'accueillir comme elles le font, constamment et sans que le visage en soit terni, les sensations excessives.

Voici, couché dans l'ombre, descendu de sa croix, voilé, en cette saison hors d'usage, le Christ du Vendredi-saint; il est de la taille d'un homme. On voit les épaules et le dos, d'une teinte livide; c'est vraiment un homme, un mort, et qui prenait trop de place, car on a un peu replié ses genoux. Ce cadavre de cire contamine de son malaise toute l'église, et d'ailleurs semble au rebut dans l'ombre, tandis que son Père victorieux règne dans les tentures gonflées.

Chez quel Dieu sommes-nous ? Ni un homme, ni un prophète, c'est un empereur. On n'a en lui nulle confiance, on ne peut ni l'adoucir, ni le convaincre ; on le flatte, on le craint ; c'est un Dieu comme il y a des loups, impitoyable : Dieu espagnol, frère de ce Charles-Quint somptueux et hypocondre, dont le pesant palais, sur la place de Fontarabie, — vaste cube couleur de terre cuite, — frémit encore d'avoir vu passer l'ombre équestre, hautaine, courbée, et portant la longue lance.

Lorsque je sortis de l'église, le soir était venu.

Six heures du soir en été ; l'azur faiblissait à peine, s'argentait seulement. Sur de petits chemins secs, escarpés, pelés, des muletiers avançaient : muletiers en béret bleu, poussant leurs bêtes, transportant des sacs de farine, et tels qu'on les voit passer chez Cervantès, dans la vallée du Toboso...

Six heures du soir en été. Je contemplais le bel horizon. Ici Hendaye, plus loin Béobie, Irun, Hernani ; là-bas l'île des Faisans : île des Faisans, mi-espagnole et mi-française, qui ne conserve des pompes qu'elle eut pour l'entrevue de ses rois qu'un bouquet de feuillage des tropiques, et son nom charmant, au plumage doré...

— Chère Espagne, je vous connais à peine, je n'ai vu de vous que la petite ville de Fuenterrabia qui monte vers le ciel comme un coquillage contourné. Je n'ai écouté que pendant quelques instants, — devant une auberge où fumait le chocolat à la cannelle, — le bruit de la guitare, son crépitement de cigales romantiques; mais cela suffit pour que je vous immole les autres contrées de la terre. Je le sais, quand j'entendrai un bouvier chanter sur la plaine aragonaise, ou Séville se détraquer les nerfs au Carnaval, je posséderai toute ma détresse.

C'est pour cela que je vous aime. Le faste, le deuil et la gloire vous les contenez dans les catafalques de vos églises, dans le nom seul des provinces de Castille ou de Navarre, comme sur vos places éclatantes s'étalent l'amour et la cruauté. Si pitoyable que j'aie été, je ne repousserai pas vos jeux féroces, j'aurai pour vos jeunes dieux cornus les regards de Pasiphaé. Je ne chercherai pas à amortir le mal que vous me ferez. Vos saintes vierges, dans leurs niches noires, et tandis que coulent leurs larmes comédiennes, se protègent de deux fines mains le cœur. Je ne protège pas mon cœur.

Dans l'immense arène que vous êtes tout entière, Espagne, je ne recherche point la « place d'ombre » comme font les élégants de vos cités pour les courses de taureaux, mais je prends une « place de soleil » avec les pauvres, les humbles, les véritables, ceux qui portent la fleur de grenade et le couteau, et qui, quand la nuit est venue, aux sons des guitares rageuses, chantent, dansent, se désirent et se tuent, éclatent comme un sol brûlé sous le ciel sec des nuits d'Espagne...

Ah, sous ce ciel uni, d'un bleu qui le soir seulement pâlit, se borde d'un peu de rose, quel cœur ne désespérerait ! Pour une âme trop sensible, un ciel si beau, c'est déjà une grande source de douleur ; un ciel si beau fait rêver d'éternité ; l'âme alors, irritée, déréglée, que rien ne fléchit, veut aussi des minutes d'humaine éternité. Une voix en elle lui crie : « Demeure !... » Il n'est pas, pour les êtres, d'autre manière de demeurer que de tendre vers l'amour. Quel amour ? Hélas ! ici, non la douceur, non la tendresse, mais cet amour de violence et d'imagination qui fait s'appeler et se joindre deux bouches rouges et brûlantes, dans le pays de l'œillet!

Espagne voluptueuse, c'est vous-même qui pour moi serez cet ardent, ce muet complice. En regardant votre peuple léger, brillant, qui brûle et danse comme les étincelles d'un brasier, et dont le visage torturé de joie semble celui d'un damné en paradis, je croirai avoir sous mes yeux le spectacle de mon propre cœur. Je vivrai là solitaire et méditative. Je n'échangerai avec aucune créature mon amitié; je trouverai dans l'espace ce qu'il faut d'appui à mon rêve: les plus lourds regards, les plus chargés de détresse et de vie ne se portèrent point sur d'autres yeux, mais sur l'infini, et c'est avec ce qu'ils ont laissé de soupirs et d'amour sur cette surface immobile, que je croiserai mon âme.

— Mais l'âme, qu'en faites-vous, ouragans embaumés d'Espagne?

Hélas! à quelle cruauté, à quel égoïsme effréné doit atteindre la religion de soi-même sur cette terre consacrée au bonheur! Rien ici ne suscite l'immense et sainte pitié. Une vieille mendiante que je vis assise sur un petit talus couleur de feu ne paraissait point malheureuse, mais acariâtre; riche et fille des rois cette vieille femme aurait eu, semble-t-il, la même attitude sombre, digne et fâchée, car c'est d'avoir perdu la jeunesse qui constitue l'irrémédiable déchéance sur ce sol de la volupté.

Ne pas vieillir ! ne pas mourir ! dormir à peine ! Défendre contre le sommeil même les minutes du temps et de la délicieuse jeunesse, voilà ce que conseille cette terre haletante, où la guitare toute la nuit continue son effroyable amusement, où les petites filles déjà, les vieilles femmes encore, frappent passionnément les paumes de leurs mains, par goût de l'incoercible danse !

La lumière déclinait. Assise au coin de la calle Mayor, près d'un aloès luisant, poudreux, sec et grillagé d'épines comme un ananas élancé, je regardais les derniers rayons du soleil perforer, dissoudre, semblait-il, les murs de craie. Les cieux envahissants se pressaient autour de moi, j'aspirais le feu du jour; le silence me frappait de ses coups larges et secrets, qui deviennent, dans le cœur, sonores jusqu'à l'étourdissement. En face de moi, au coin de la rue dormante, un jeune homme, vêtu de blanc et d'une ceinture bleue, debout dans une échoppe de bois verni, — sorte de casier miroitant sans porte et sans vitrage, — tressait des espadrilles avec une rapidité, une aisance prodigieuses. Ses bras demi-nus et la longue aiguille saupoudrée d'une farine glissante semblaient escamoter les torsades de chanvre. « O peuple charmant, pensais-je, qui ne faites rien que par adresse, fantaisie; dont chaque mouvement révèle l'aptitude à l'audace, à la grâce, à la souplesse, au plaisir, je vous aime de ne pas savoir servir! Vous ne réussissez que la beauté ou la tragique détresse. J'ai vu dans cette petite ville un douanier, une hôtelière, un cocher, ils étaient ridicules; ils avaient, en accomplissant leur humble devoir, la contenance effrayée des jeunes fauves travestis qu'on exhibe dans un cirque. Rien ne vaut, sur le sol d'Espagne, qui ne soit emportement, libre désir, orgueil ou volontaire abaissement... »

Surpris par le crépuscule flamboyant, l'abondant azur, vertigineux et las, semblait tourbillonner; il se colorait, au couchant, d'un rose incendié. Les hirondelles effilées, leur noir vol recourbé, leurs cris lancés et retombants dessinaient sur le ciel du soir quelque mosquée fantastique, aux arceaux d'amour et de mélodie!

Des larmes coulaient sur mon immobile visage; chacun des nerfs du cœur, tenté, caressé, irrité par la beauté du jour, et douloureux par le trajet du désir, donnait sa suprême affliction. Une rose trop ouverte que je tenais à la main se laissait mourir aussi; nous expirions de plénitude, nous ne pouvions plus contenir tant de forces amassées...

Qu'il faisait chaud, calme, accablant! Tel un sommeil de tigre le silence de l'Espagne, au crépuscule, inquiète. Un groupe de lavandières se dirigeait, les bras chargés de hardes multicolores, vers les eaux douces du fleuve, là-bas, dans les herbages. Ah! que n'ai-je pu l'entendre jaillir d'un de ces gosiers de filles farouches, le chant forcené, intrépide, la séguedille: rythme du délire, — vivace, rauque, intarissable, qui bondit comme au profond des montagnes une claire cascade bouillonnant entre des parois rocheuses! Tout se taisait. Soumise à la puissante Destinée, je pleurais lentement, comme durent pleurer, dans la torture, le corps maintenus, dont les os sous la pression du fer se fendaient. Je ne bougeais pas; où aller? Il m'eût fallu fuir l'univers!

Alors, tandis que je souffrais ainsi, je compris vos secrets et vos larmes, vierges en deuil, vierges exaltées et percées de couteaux des fiévreux et ténébreux autels. Abandonnées aux soins de votre Epoux divin, mais sollicitées par toutes les ardeurs et les fureurs de l'Espagne, amantes séquestrées, qui, aux jours des processions, entre les œillets et les éventails, voyez la beauté des hommes et leur incomparable frénésie, quel devient votre ennui quand on vous replace dans le pieux sérail couleur d'ambre et de sucre brûlé, frais comme un noir parasol, où, par milliers, vous implorez votre impérial et morne ami?

En vain, le regard précipité comme un torrent, vous montrez à ce Dieu impalpable, sans limites, sans regard et sans âge, votre cœur où les sept péchés humains enfoncent leurs glaives acérés. En vain vous lui représentez que vos larmes de cristal, vos mains pointues, vos mouchoirs embaumés, votre vocation des pleurs et de la pâmoison vous désignent pour ces danses provocantes et rebelles qui semblent scandées par les piaffements des chevaux guerriers du Cid. En vain, plus redoutables que les déesses des acropoles, avez-vous rendu par les langueurs et les larmes vos âmes tentantes, il vous garde et ne vous répond rien.

Et devant votre douleur dédaignée, vos cœurs qui « meurent de ne pas mourir », vos regards qui s'envolent, s'arrachent comme la flamme dans le vent, je songe à votre sœur favorisée, Thérèse d'Avila, Epousée véritable, amie de l'Ami !

Je l'ai vue, cette reine des brûlants transports, un matin de printemps à Rome, dans l'église Santa Maria della Vittoria, où, — marbre enflammé, — elle perpétue l'image de son grand désir exaucé. De vieux prêtres, des dévotes marmonnaient leurs lentes prières dans l'odeur de l'encens et de l'humide fraîcheur; on entendait le bruit léger des rosaires, des chaises remuées. J'avançais; et alors je la vis dans sa grotte resplendissante qu'éclaire un jaune vitrail où le soleil semble capturé, accumulé. Elle est là, marbre onctueux, reluisant, poli, enduit, semble-t-il, de cette huile parfumée où se baignait Esther.

Abattue sur les nuées, enchaînée à son Dieu par le lien d'une ineffable volupté, la sainte a les mains ouvertes, elle lâche le monde, ne tient plus rien, attend tout de lui. Et il prend en pitié sa favorite, il répond à l'attente éperdue, à la royale mendicité de ce confiant, de ce violent visage: dépêché par lui, un ange gracieux, curieux, habile, dirige vers ce cœur bouleversé sa flèche d'or.

O promesse de délivrance !

Et dans cette église d'Italie, comme ensuite dans une église d'Espagne, je me souvins du cri ardent que Swinburne prête à Phèdre défaillante : « Viens, prends ton épée et tue, ne me laisse pas périr de faim entre le désir et la mort ! »

L'EXHORTATION

L'EXHORTATION

Lettre de Julien Vignaud à Madame Clairmont

22 septembre 19 . .

« Madame, voici quinze jours que je vous ai quittée et que je voyage. Je ne sais pas encore si je puis ou si je ne puis pas vivre sans vous.

J'ai traversé, en automobile, à une vitesse violente, des paysages si précipités que les uns sont brûlants et les autres glacés; ils sont moins rapides que votre visage. Quelquefois j'ai pris le train, mais ces wagons sourds ont un rythme singulier, profond: ce sont des divans où l'on meurt de tendresse, et qui m'ont semblé trop doux pour qu'on pût les supporter sans épier chez vous un regard qui soupire.

Je suis resté trois jours dans la petite ville de Voyron, où l'air souple et tiède coule entre la rue Rose-Sage et la rue Venise; le soir, le rideau de toile qui ferme le petit café se balance dans le vent, et l'on voit des gens qui boivent et qui fument calmement, et qui vivent ainsi sans désir.

J'ai parcouru des rochers, des vallons; j'ai vu Annecy, rêveuse sur son lac rose, et, comme une Bruges plus claire, tout infiltrée d'eau douce; Chambéry, un peu noircie de fumée, qui porte sur une de ses collines ornées de vignes et de pervenches, la maison où Jean-Jacques eut ses plus vifs transports; Aix, dont les jardins humides sont, au moment où l'ombre les gagne, recouverts d'un globe de vapeur.

Me voici, sous un frais soleil, à Grenoble. C'est une ville d'azur et de neige.

Elle est luisante, polie et à facettes comme un glacier; elle réfracte la lumière du monde. Elle est si vive que le temps, les voitures, les gens, le commerce circulent comme de l'eau entre les deux trottoirs de ses rues étroites.

Elle se leva la première à la veille de la Révolution française; ses poumons, remplis de l'air des montagnes, criaient haut pour la liberté.

Mais je ne sais rien de tout cela.

Je vous ai quittée parce que vous étiez trop gaie. Madame, vous ne riez pas pour rire, ni parce que votre sort est léger et le plus enviable qu'on puisse imaginer, mais parce qu'inconsciemment, — et si digne, si hautaine, — vous faites pourtant votre métier, qui est de provoquer la volonté des hommes. Vous sentez que votre étrange rire ouvre dans votre âme et dans votre corps un abîme, qui donne, à ceux qui vous contemplent, un singulier vertige.

Je vous connaissais, je savais ce que vous aimiez. Vous aimiez qu'on vous étonnât et qu'on vous fît peur. Dans ces instants-là, votre visage d'adolescent tendre, que je regardais de loin et secrètement, mourait de langueur. Je l'ai vu si renversé, si flottant, si détaché, semblait-il, de votre corps, si exsangue de volupté, qu'il faisait penser à ces décollations de jeunes martyrs dont les yeux se sont refermés sur une haletante extase: sur l'image d'un jardin de Judée, et de Salomé qui danse.

Mais, ah! comme votre orgueil domine vite votre sensualité!

Les nuits les plus claires cachent suffisamment

les cygnes soulevés de désir et les amoureuses colombes ; mais vous, si vous cédiez au vif instinct de la nature, quelles ténèbres vous cacheraient assez au regard de votre vanité ! — Voilà ce que vous pensez...

Pourtant, je sais des moments où, avec quelque violence, aisément l'on vous eût trouvée sans défense ; car, si votre regard est redoutable, vos mains et vos genoux sont faibles.

Mais qui, — vous aimant, — voudrait d'un tel combat, et d'une victoire si pleine de colère, que l'on ne saurait plus si vos soupirs sont de la tendresse ou de l'étranglement ?

— Hier, j'ai passé l'heure du crépuscule et du soir sur la plus solitaire colline. Partout du silence, quel silence ! — un silence qui habite, qui rôde, qui règne, qui dit : C'est moi, je suis le silence...

Par instant un corbeau jetait sur cette campagne déserte son cri noir, son cri de menace et de rancune, et un petit grillon se mettait à craquer comme une brindille de bois. L'air, le ciel, étaient d'une couleur qu'on ne peut pas dire : une couleur faite de silence et d'éternité.

La moitié de la lune luisait comme une faible

feuille d'étain. Je mourais de passion, de tristesse. Je regardais cette lune patiente, humiliée et divinement douce, qui, à chaque seconde, recevait sur elle les nuages. Au bord d'un ravin, le feuillage, alangui par les effluves du soir, se courbait, et c'était l'instant où, sans doute, dans tous les arbres du monde, la femelle de l'oiseau porte le poids de l'amour.

Madame, vous seule êtes orgueilleuse.

Vous êtes tout pour moi, et néanmoins si peu de chose sur la terre. Vous aussi entrerez dans ce silence où sont descendues les époques fameuses.

Vous serez une petite morte entre les morts.

Rien n'agitera plus vos pieds croisés. Nulle chose dans l'univers qui se souvienne de vous. Vous serez, aux yeux de la Nature, plus délaissée que cette fougère que je vois, déjà jaunie, mais à qui le vent prend encore un peu de pollen.

Si vous mourez, ayant épargné en vous votre source d'aimer, il se peut qu'éternellement et dans ce sommeil même vous en gardiez le regret; mais, si vous jetez hors de vous votre suave ardeur, vous vous endormirez tranquillement; aussi bien votre vie aura porté sa moisson étincelante.

Laissez que je vous parle encore.

Si hautaine que vous soyez, vous êtes pourtant comme toutes les femmes.

Les caresses que j'ai données à votre main, lorsqu'elle pendait mollement le long de votre fauteuil, — et que vous avez si doucement tolérées, — sont un signe que vous ne vous refuserez point à d'autres et puis à d'autres caresses. Vous êtes une route lente, mais où l'on avance en soupirant.

Un jour, on vous tiendra tout entière, et sans forces, dans ses bras.

Madame, j'oublie votre dureté, votre allégresse, je vous pardonne votre rire, je reviendrai, et une fois encore j'implorerai votre cœur. Vous êtes jeune, et, bien qu'ignorante d'une telle puissance, si pétrie de la poésie éternelle, que près de vous je m'étourdis moins de la délicate odeur de votre épaule voilée, que de cette pâleur du visage et des yeux que durent avoir aussi toutes les héroïnes, à l'éveil craintif de la volupté.

Mais le temps passe, pour moi qui suis moins jeune que vous, — pour vous aussi, madame.

Pourtant, un jour vous aimerez ; demain, si vous cédez à mes prières, ou alors plus tard, quand vous ne serez plus belle et que ce sera vous qui assemblerez sur le faible front d'un frivole ami de sublimes nuées.

Vous aimerez, madame ; vos mains, en même temps qu'elles couvriront de caresses votre amant, s'occuperont de voiler votre beauté moins pure.

Vous aimerez dans une rage misérable et profonde.

Toutes les larmes, vous les pleurerez. Les nobles habitudes, l'orgueil, les lois du monde, ne vous seront plus rien. La tête enfouie dans les coussins, loin du jour, loin de la lumière des lampes, roulée comme une feuille tombée que harcèle le vent d'automne, vous mordrez de désespoir et d'amour la main qui vous tiendra penchée, et, malgré votre délire, vous n'aurez jamais plus de joie, parce que vous saurez que cet homme qu'il faut inquiéter et séduire, est, hélas ! sûr de vous.

Madame, dans ces instants-là, souvenez-vous de ceux qui, aujourd'hui, avec une terreur sacrée vous désirent ; de ceux qui, avant de vous obtenir, pleureraient de crainte et de faiblesse sur la place nue de votre cœur... »

La jeune femme posa près d'elle cette lettre qu'elle venait de recevoir, et qui l'émouvait tant.

Elle songea... Celui qui la lui écrivait était trop sérieux, trop exigeant, probablement trop différent d'elle; elle ne pensait pas pouvoir l'aimer.

Certes, il avait beaucoup aidé à sa naïve connaissance du mal; il y a six mois encore, elle n'eût pas laissé reposer au bord de son fauteuil une main si négligente qu'on pût la caresser, et maintenant, les hommes qui lui parlaient avec trop de tendre violence lui donnaient seulement un grand frisson de l'âme qu'elle dissimulait en riant.

Pourtant, une singulière pudeur et quelque chose qui est comme de la paix physique, de l'ignorance, l'empêchaient d'être troublée davantage.

Mais cette lettre l'émouvait.

De la place où elle était assise dans sa chambre, elle voyait, par la fenêtre, Paris, pâle et frais en septembre; et aussi elle se voyait de de loin dans la glace: visage doux et dur, avec des cheveux dorés et bouclés, et la ligne du cou un peu gonflée.

Ah! le plaisir, le plaisir divin, dont sanglote de joie tout l'univers, qu'elle ne ressentait encore qu'en pensée vivement, et dont elle n'avait pas un si violent désir, le goûter du moins pendant la victorieuse jeunesse! Le goûter quand on est encore comme une reine légère dont l'évanouissement intimide et fait peur; le connaître, quand c'est peut-être une chose si aimable et si gaie d'entrer furtivement à l'ombre d'un chapeau de roses chez l'ami de son cœur, et que ce chapeau tombe le long des cheveux amollis, et que s'organise enfin un désordre que ne peuvent plus voiler que les ferventes caresses...

— La jeune femme pense à la manière adroite et moqueuse dont elle a, le soir d'hier, laissé partir de chez elle le jeune homme qui, lui aussi, comme l'autre, l'aime tant.

Avec quelle douleur il la suppliait d'être grave, et comme elle refusait en riant trop!

Et voici qu'elle sent obscurément, avec une grande discrétion, mais avec un peu de netteté, qu'elle n'est plus tout à fait, sur tous les points de son visage et de son âme, insensible.

Les pages qu'elle a reçues de l'ami passionné qui voyage, en l'esprit duquel elle a tant de confiance, lui sont une philosophie.

Elle réfléchit. Beaucoup de pensées passent dans ses yeux. Elle regarde loin dans la vie, dans la destinée ; une candeur profonde et triste ennoblit sa personne. Le visage couvert de rêve, de résignation, elle s'assoit à sa table. Au sombre adolescent plein de soupirs qui pleurait hier soir chez elle, la jeune femme écrit ce bref billet, dont la naïve perfidie nous déplairait, si nous pouvions supposer qu'une âme si altérée d'infini pût jamais se résoudre à faire parvenir son mélancolique message.

Lettre de Madame Clairmont à Jacques Lebrun

« Monsieur, pourquoi porte-t-on par moment sur soi une si lourde mélancolie ?

Ce matin, en me promenant du côté des jardins d'Auteuil, je sentais douloureusement ma solitude.

Je pensais à vous, qui êtes pour moi, je le sens bien maintenant, un véritable ami.

Je pensais aussi, monsieur, près de ces parterres où déjà les derniers rosiers défleurissent, que le temps passe et que rien n'est meilleur qu'une affection comme la vôtre.

Ah ! mourir, quelle angoisse !

Etre un jour une petite morte entre les morts; être plus délaissée que cette fougère de Septembre que, derrière la grille des jardins, je voyais déjà jaunie, mais à qui le vent prend encore un peu de parfum.

Je songe à la sympathie que vous me témoignez, à ce qu'il y a de commun entre votre cœur et mon cœur.

Je ne sais par quelles paroles vous assurer que je vous pardonne votre colère d'hier, que j'avais peut-être, — mais je ne sais comment, — motivée.

Je suis seule ce soir; mon mari est parti pour Versailles; je pourrai, en allant me promener le long des quais de la Seine, si beaux dans l'obscurité, entrer un moment chez vous; vous voyez comme je fais, pour vous, un acte de la plus douce amitié.

Je viendrai; nous causerons auprès de votre fenêtre ouverte, et vous me laisserez partir.

Quelle calme fraîcheur ce soir! Je regarde, en cet instant, le crépuscule.

Le ciel si tendre est d'une couleur qu'on ne peut pas dire, une couleur faite de silence et d'éternité... »

SAÂDI ET LE JARDIN DES ROSES

SAÂDI

ET LE JARDIN DES ROSES

L'histoire rapporte que le poète Saâdi, au milieu de sa vie, — riche de souvenirs et comblé d'honneurs, — accomplit à pied un voyage en Syrie, au Hedjaz et dans l'Yémen, afin d'entendre dans toute leur pureté les célèbres poésies arabes de la littérature antérieure au Coran.

Bien que gorgé jusqu'à l'âme de toutes les musiques et de tous les parfums du monde musulman, il voyageait encore, pour écouter, avec les oreilles du rêve, le son de la trompe d'Imr-El-Kaïs, — le cavalier tempétueux, — bondir jusqu'au désert, de sables en sables.

Lequel de nous, tenté depuis l'enfance par les grands plateaux de la Perse, où le vent soulève une poussière de turquoises, ne fit le rêve de connaître aussi les contrées bienheureuses, et de frapper, un soir, dans Ispahan, à la porte d'argent de la maison des soufis ?

Là, assis parmi les lettrés, dans un asile d'émail bleu que pressent l'odeur des églantiers gigantesques et la vapeur des eaux glissantes, nous eussions tenu sur nos genoux les vénérables manuscrits du Gulistân *(Le Jardin des Roses)*, du Bustân *(Le Jardin des Fruits)*, et caressé les pages scintillantes d'enluminures aussi bombées que des colliers, où les récits du poète se déploient, — dans la dansante écriture orientale, — comme les volutes de la fumée et le coup d'aile des mésanges.

Entre les fraîches parois de ce collège philosophique, beau comme un vase qu'habitent une eau animée et d'inépuisables aromes, tout est recueillement ascétique, béatitude, ralentissement du cœur...

Je songe à la surprise que nous eussent causée tant d'étrangers aux longues robes, cheminant sur les balcons de bois qui dominent les jets d'eau de la dormante Ecole! Protégés par la rêverie précise contre la rêverie qui n'a pas de bornes, j'imagine qu'en dépit de la nuit lyrique qui échange avec les cœurs passionnés une silencieuse exclamation, ils nous eussent parlé patiemment de Saâdi, de Hafiz et de Firdouzi, — ces mystiques studieux, disciples de Platon et de la Kabbale, occupés à enseigner la sagesse sans le vertige et l'amour sans ses fureurs.

De blancs turbans pareils aux mains d'ivoire de la science et de la contrainte étreignent leurs doctes et délicats visages, fatigués d'interroger selon une méthode spécieuse l'abîme d'avant la vie et celui d'après la mort.

Fiers visages captifs, pris au réseau des vérités confuses, ils ont le limpide scintillement de l'eau pensive dans un petit puits grillagé, et reflètent les célestes nuages. Ainsi voit-on quelques précieuses turquoises porter l'incision cruelle d'une sentence en or, qui les sillonne et les meurtrit comme un pénétrant éclair.

Mais, je doute que, dans un soir si beau, les subtils docteurs du couvent aromatique eussent pu retenir mon attention et tout mon cœur. Une incomparable tristesse eut dispersé mon rêve sur l'oasis d'Ispahan : nom mélodieux dont les syllabes mêmes s'enflent et s'épanouissent comme le doux éclatement des roses mûres, comme le cri des paons dans les bosquets du soir.

A l'heure bruissante où les platanes, exhortés par le vent tiède, se plaignent à la fontaine, avec quelle tendre douleur j'eusse contemplé la ville d'argile, de brique et d'émail, que des images m'ont laissé voir fastueuse et désolée.

Entre le sol torride et le ciel dépouillé, ses innombrables terrasses témoignent de cette nostalgie des ailes qui hantent le rêve des hommes. Pareils à de hauts diadèmes, les façades des palais moroses se dressent sur des avenues d'eau dolente, où le rouge lilas persan égrène ses corolles exiguës, saturées d'odeur.

— Ispahan, combien j'eusse aimé votre pauvreté de sultane au désert, vos rondes coupoles de faïence bleue, luisantes comme les vagues des mers du Sud, vos humbles rues sableuses, établies sur tant de roses foulées au cours des siècles, qu'on leur suppose des assises incarnates, aux baumes concentrés !

Attentive aux secrets du silence, j'aurais perçu le souffle de toute une population oppressée, étendue sur les nattes et les tapis veloutés qui chargent, le soir, les toits plats des maisons persanes.

— Ah! si la mort est amère même aux choses amères, comme chantent les trouvères arméniens, de quel poids pèsera-t-elle chaque jour sur ce mol colombier humain, suspendu au milieu des parfums, et d'où monte un râle langoureux!

Telle est la magie de ce continent mystérieux, que, si pendant nos étés d'Occident, guidés par l'azur vers plus d'azur, nous rêvons du paradis, plutôt que de contempler les vagues espaces célestes, nous inclinons vers l'Asie...

— Et pourtant je me souviens d'un beau voyage. J'arrivais à Naples un soir de juin; jusque sur la haute terrasse de l'hôtel, où les voyageurs languissaient de chaleur, montait le parfum des narcisses et des glycines du Rione-Amadeo. Ces infatigables aromes stagnaient dans l'air compact comme s'ils eussent été emprisonnés dans un flacon de cristal incandescent.

Quand le rossignol n'a qu'un chant limité, quand l'amant même, dans les jardins du soir, cesse d'exprimer son délire et sa plainte, le parfum, sans fléchir, élance ses véhémentes fusées, et maintient un sublime langage!

Epuisée de chaleur, contemplant le ciel où un léger nuage permettait d'espérer un peu de pluie, j'adressais à l'eau désirée les litanies ferventes qui sont gravées sur les fontaines de Rome : « *aqua virgo, aqua felice...* » Je savourais les syllabes désaltérantes : eau vierge, eau heureuse, lorsque l'hôtelier vint me prier d'inscrire mon nom sur l'album qu'il me présentait. A la première page je lus ces mots, qu'avait tracés un grand poète d'Italie :

« La gioia è sempre l'altra riva! »

Sincère et ingrate mélancolie! La joie est toujours sur l'autre rive!

Je contemplais la nuit limpide et chaude, nuit bienveillante qui semblait avoir soulevé le fardeau du cœur des hommes, tant, sur la longue terrasse où j'étais assise, les voyageurs paraissaient dépouillés de tout souci, accablés d'un vide indolent.

De faibles feux s'allumaient un à un à la pointe du Pausilippe. La lune, d'un blanc de myrte, avait l'éclat des cailloux ronds roulés par les rivières. Un chanteur napolitain, fat et tendre, jouant de la mandoline, exhalait de passionnés soupirs, d'une voix assurée et voluptueuse qui harcelait le rêve et cherchait le cœur. Je m'ennuyais. Cette lassitude des plus beaux spectacles, ce pathétique besoin d'être ailleurs, je l'éprouvais à peine arrivée. Les yeux errant à l'horizon : « Là, me disais-je, est Tarente ; là Sybaris ; là-bas est l'Ionie... »

Abreuvée des splendeurs de cette nuit parfaite, je rêvais à l'autre rive !

Peut-être au sein même de la Perse éblouissante, dans le clair mois de février qui, au bord des vallées du Khorassân, juxtapose la neige et les myosotis, eussions-nous, — les insatiables, les inconsolables, — éprouvé ce grand désir des nomades, alors qu'aujourd'hui mon imagination fervente ne déserte pas ces lieux fabuleux, et leur consacre un nostalgique amour.

— Hélas ! je ne vous verrai pas, contrées souhaitées, fleuves des Indes, voilés de rouges nénuphars, prairies de la Mésopotamie et du golfe Persique, que Saâdi énumère avec orgueil et dont il a respiré les roses ! Je ne vous verrai pas, rues de Bagdad qui déversez comme un torrent tintant et embaumé la foule que rejette le Bazar des senteurs, des tissus et des armes! Vous resterez éloignées de mes yeux, fraîches mosquées de Damas, où le murmure de la prière mahométane se confond avec la palpitation des eaux courantes; plaines de Khoum et de Kashan, où les citronniers sont visités par le soleil si ardemment, que leurs fruits amollis, grésillants, en tombant de l'arbre dans des cuves de sucre, composent une immédiate et torride friandise!...

Certains noms humains semblent traverser les âges portés sur l'amour des hommes, et leur gloire circule dans une zone inaltérable, entre les jardins et les cieux.

Ainsi la renommée du brillant Saâdi se trouve mêlée aux suaves calices et au limpide éther : aujourd'hui encore, aux yeux des poètes du monde entier, chaque brise qui effeuille les roses semble répandre sur son tombeau des libations odorantes.

Comment nous représenterons-nous le conteur divin, centre du rêve persan, qui, pendant un siècle, parcourut les contrées musulmanes et vint finir ses jours dans un ermitage, à Chirâz?

Doolet-Shah son plus ancien biographe écrivait : « Saâdi vécut cent vingt ans, il consacra trente ans à l'étude, trente à parcourir le monde, et pendant trente autres années il se prosterna sur le tapis de l'adoration pour suivre les traces des disciples de l'idéal, — ô belle vie! »

Saâdi naquit à Chirâz en l'an onze cent quatre-vingt-quatre. Il s'appelait Mouscherif-ed-Din ; son père Moslih-ed-Din était officier au service du prince Saâd ; cette circonstance fit donner au fils de Moslih le nom de Saâdi, client de Saâd. Imaginons l'enfance du prédestiné sur cette terre persane dont les délicats miniaturistes nous ont laissé de si précises et troublantes images.

Voici des jardins. Une palissade de laque rouge circonscrit une portion même du paysage : collines, vallons, vergers, eaux courantes. Sous l'épais feuillage du baumier des Indes, un cheval au pelage teinté d'un vernis vermillon passe au galop ; sur la croupe de l'animal un adolescent en robe de lin rose se renverse : l'aigrette blanche et dorée semble entraîner son front languissant, on croit que le trop beau cavalier s'évanouit ; — mais sa main droite, habile et fourbe, tend violemment un arc couleur de bleuet, dont la flèche blesse mortellement un porc-épic, qui roule parmi les fraisiers. Plus loin, un jeune éléphant espiègle, une brebis noire et touffue baignent leurs fronts réjouis dans l'herbe printanière, où fleurit une hampe de pétunias violets.

Là-bas encore, un buffle, des chameaux blancs forment un paysage de collines assoupies, tandis que sous un thuya trois soufis au visage béat enfoncent leurs couteaux minces dans de verts melons lisses et allongés; leurs pantoufles de taffetas cramoisi sont posées à côté d'eux sur les fleurs, et la perdrix argentée foule de ses jambes haut levées les digitales du frais gazon.

Au loin, une vallée envahie par une minuscule floraison éclatante, est jonchée d'épais traversins de soie indigo, constellés d'or; ces coussins gonflés soutiennent de nonchalants personnages dont quelques-uns, à l'ombre d'un pavillon ajouré, goûtent au repas qu'on leur présente dans des bols d'émail, couleur de turquoise.

Un petit puits carré, grillagé d'or, contient un jet d'eau bas, éployé comme un blanc pavot liquide qui prodiguerait sans s'épuiser ses innombrables pétales. Les guitares persanes s'accordent. Un essaim de guêpes féroces traverse l'air de cristal : balle flamboyante, rayée de jaune et de noir, qui semble être l'âme aérienne du tigre.

Regardons à l'horizon. Ce paysage sobre et foncé, est-ce la campagne de Chirâz, de Beilakân, ou de Trébizonde ?

Nous voyons une tour élancée, en émail indigo et rose , alourdie à sa base de terrasses et de vérandas. Elle s'érige, cette tour aiguë, sur le ciel matinal, comme un cyprès multicolore. Obéissant à sa maîtresse, une jeune servante en robe de toile peinte, le front surmonté du plumage léger de la huppe, fait glisser par la fenêtre, au bout d'une corde argentée, une enveloppe de taffetas pourpre, que reçoit l'adolescent amoureux. Satisfaite de ce manège, la rusée sultane, sur un épais divan creusé et rebondi, s'allonge, comme la source sur le coteau. Qu'il est aimable son profil d'agneau ! Une boucle de ses cheveux noirs coule contre sa joue comme un langoureux serpent. Sa robe bleuâtre semble toute retournée par son corps impatient et capricieux ; son pied enfantin et rond joue avec un collier de corail ; coupole moelleuse, le turban de lin blanc et vert,

— volumineux comme une citrouille, — serre si soigneusement, si minutieusement les tempes rieuses, qu'il semble être le bandage gracieux et délicat de quelque blessure faite à ce front folâtre. Au pied de la tour d'amour, une antilope, plus ténue que le faisan tacheté, broute une touffe d'œillets ; — et deux par deux, des poissons curieux et séduits émergent de la rivière, où flottent des tulipes écarlates, qui les attirent comme un appât trompeur...

Mais tant de suavité devient oppressante : elle nous menace et va nous vaincre ; nous étouffons ; l'irritation langoureuse fait jaillir les larmes ; et, parce que le grand combat de la vie se livre toujours entre le courage et la volupté, nous l'accueillons avec allégresse ce cri retentissant du messager grec, dans Eschyle, annonçant la défaite des Perses : « La molle Asie est tombée lourdement sur le genou ! »

Pourtant ce n'est pas au milieu de ces délices que le poète Saâdi passa son adolescence.

Celui qui devait, dans son œuvre, fixer la langue persane, en rendant flexible et musical le primitif instrument dont, jusqu'à lui, on n'avait tiré que des sons barbares, connut la vie errante, la pauvreté, l'esclavage.

Tout jeune, il alla à Bagdad, qui était alors le centre moral du monde musulman. Il suivit les cours du collège Nizami, où il se lia d'amitié avec l'un des plus célèbres cheiks du soufisme. Mais si Saâdi embrassa le genre de vie contemplative, il ne renonça pas au monde. Partout où il s'arrêta il observa les désirs humains, et se mêla à leur torrent.

Nous retrouverons, dans le Jardin-des-roses, les cadis, les marchands, les athlètes, les vieillards et les adolescentes dont il vit s'agiter les passions, et surprit les regards et les voix.

Bien qu'il n'eût pas d'argent à sa disposition, ce qui l'obligea de se faire ânier à Stamboul, et à Jérusalem porteur d'eau, ses voyages étaient assez faciles à accomplir. Affilié aux sectes soufies, il trouvait toujours le gîte et le couvert chez un compagnon, ou dans un des nombreux monastères, arrondis sous les sombres pins, et qui concentrent le silence, la fraîcheur et l'eau sur les cimes des collines d'Orient.

Saâdi raconte qu'en Syrie il tomba aux mains des Francs qui, n'ayant pu tirer de lui une rançon suffisante, le réduisirent en esclavage et l'envoyèrent travailler avec des juifs au curage des fossés de Tripoli. Là, un habitant d'Alep le racheta et lui donna sa fille en mariage avec cent pièces d'or. Saâdi, soucieux de son indépendance, répudia bientôt son épouse et la renvoya à son père avec les pièces d'or et un ghazel : petit poème de sa composition, dans lequel il célébrait le charme de la jeune femme, mais où il exaltait surtout les avantages de la liberté. L'homme d'Alep, en lisant le ghazel, se mit à pleurer. Gracieux amour de la poésie, qui détourna la colère d'un vieil homme offensé, lequel, recevant en même temps sa fille dédaignée par le poète et une strophe harmonieuse, oublia sa tristesse pour laisser son cœur goûter le miel des sonores abeilles !

Ainsi errant, ébloui par le tourbillonnant azur d'Orient, et enveloppé des grâces de son propre cœur, Saâdi visita Stamboul, Damas, Jérusalem, Balbek, Basrah, l'Egypte, l'Abyssinie, le Turkestan.

Mais tandis qu'il servait sous des maîtres éphémères, par le rêve et par la science il prenait possession du monde, qui devait à jamais le conserver.

C'est au cours d'un de ses nombreux voyages que, s'arrêtant pour passer la nuit dans un jardin où l'on recueillait les voyageurs indigents, il conçut le projet du *Gulistân*.

Durant cette limpide nuit, étendu avec d'humbles dormeurs dans un jardin public, il entendait l'incessant travail de la nature défaire les calices épanouis, et déplier diligemment les impatients bourgeons. Rapidité du temps qui n'encourage que pour détruire! Saâdi fit le vœu d'attacher son nom à des jardins impérissables.

Revenu à Chirâz un peu avant l'année 656 de l'Hégire, — c'est-à-dire en 1258, — il s'établit en dehors de la ville, dans un petit ermitage entouré d'un jardin.

Sa mémoire, comme un flacon de jade où dort l'essence de roses, distillait d'inépuisables parfums. Les honneurs et la vénération l'entouraient. Mais qu'importait tant de courtois saluts, venant des rois mêmes, à celui qui, entendant vanter les exploits de Gengis-Khan, répondait:

« Oui, un nom qui restera fameux dans l'Histoire, mais, dis-moi, aimait-il les roses? »

Comme il le raconte dans une de ses kacidas, il était éternellement assis dans son jardin touffu, sous les arceaux que formaient le jasmin grimpant et les rosiers de Chirâz; il écrivait, se rappelait ses voyages, louait la beauté des jeunes filles. Sa maison de brique et d'argile, où le toit de faïence bleue avançait comme une vague arrêtée dans l'espace, prêtait son ombre à la pelouse élyséenne.

Les cyprès aux pointes effilées ondulaient sous la pression du vent chaud, et, pareils à des pinceaux enduits de laque indigo, semblaient caresser inlassablement la nue, — étaler l'azur sur l'azur, — comme faisaient, aux pages des parchemins, les patients et passionnés miniaturistes.

Parfois, du cerisier fleuri, du neigeux œillet, du jasmin étoilé, un blanc papillon s'élançait mollement, comme un pétale qui a la nostalgie du ciel. L'eau courante, en circulant dans d'étroits canaux de faïence bleue, composait aux pieds du poète un ciel liquide et divisé. Auprès de lui, des pots d'émail, couleur de myosotis, contenaient les épices savoureuses et les herbes aromatiques. Bleus innombrables, répartis jusqu'aux plus humbles choses, et qui semblent un don céleste fait par l'azur lui-même à l'empire de Perse!

Le vin célèbre de Carménie emplissait la

coupe d'ambre jaune de Saâdi, et une rose, attachée au long tuyau du khalyan, mêlait son constant parfum à la fumée acqueuse. Dans la cage entr'ouverte, suspendue au saule musqué, le rossignol aux yeux luisants exerçait inlassablement son flexible gosier, qui semble rouler l'allègre grelot du muguet.

Il nous est loisible d'imaginer les jours et les soirs du poète, dans cette vallée de Chirâz, si favorisée, paraît-il, qu'on l'avait surnommée « le jardin-qui-réjouit-le-cœur », et que Saâdi voulut y être enterré.

Une photographie a mis sous mes yeux le tombeau de Saâdi. Sur un désert calcaire, d'un blanc de neige, un enclos de briques est posé, tel un bâtiment léger sur la mer écumeuse. Des cyprès et des pins s'échappent de ce carré mortuaire

Tout autour, le vide et l'azur. Le voyageur qui s'efforce jusque-là voit le néant qui suffoque sous un ciel de diamant. Mais à Chiraz même, une gracieuse route retient le cœur. C'est une allée de mosaïques, — bijou tombé à terre, — dont les losanges sertissent de petits bassins d'eau, semblables à de liquides opales.

Accordons à Saâdi que sa contrée fut la plus belle du monde.

Du haut de son ermitage, contemplant les longues campagnes, il écoutait se déchaîner, à la suite des jours engourdis, la passion des nuits.

Sur chacune des hautes montagnes qui surveillent Chirâz, le vent se replie et repose, sentinelle assoupie.

La vallée est toute ruisselante d'eau printanière. Dans les jardins, les épais parfums condensés encombrent l'air comme d'odorants tapis suspendus. Tout languit. La panthère mouchetée, le mince léopard, au front bas, aux yeux obliques, l'ardent cheval qui, d'un saut, franchit les vallées, se courbent. On les voit plier le front, ils passent, allongés, faibles, soumis, sous les arceaux des églantiers enchevêtrés, bercés par cette fumée des fleurs. Dans les ténèbres des bois, le basilic, l'amarante, les jacinthes et l'épais cerfeuil forment de frais divans, où le fauve comme l'oiseau rejoint sa compagne. A cette heure insinuante et douce, le mugissement du blanc léopard est aussi mollement enchaîné par la volupté que le timide gosier de la sarcelle gémissante.

Peu à peu la ville se fait scintillante. Au

centre de la mystérieuse nuit persane, le croissant de la lune luit comme une tranche de pastèque argentée. Dans les jardins d'émail, les jets d'eau diminués jaillissent sans interruption, s'arrachent du cœur mille fils d'argent fuselés, comme ferait la secrète et diligente araignée. Un palais aux coupoles arrondies étincelle autant que le cristal et le camphre; de blanches tubéreuses brûlent leurs bougies aromatiques, cependant que, sur la terrasse, deux jeunes corps défaillent, si unis par l'étreinte des joues et des bras rapprochés, qu'ils forment une seule compacte nuée; la ronde balustrade retient ce couple enivré qui, confiant et sans force, se renverse sur l'espace...

— Je songe à vous ce soir, Saâdi, habitant des jardins! Dès l'enfance, j'ai pressenti et partagé vos rêves. J'ai tant aimé l'azur qu'il a pénétré mon être et m'a fait un cœur de turquoise.

J'imagine la pelouse où vous étiez assis. Détaché du monde par le pressant azur, votre enclos, comme une île, flottait sur une étendue légère.

Le cerisier, le cognassier, le cyprès, le saule, baignaient dans l'éther comme des algues submergées au sein de la mer limpide.

Dans cette contrée voluptueuse, où les yeux allongés, humides, se rejoignent de jardin en jardin, et semblent circuler à travers la Perse comme un fleuve phosphorescent, l'amour fut votre occupation habile et passionnée.

Des jeunes filles fantasques, que la volupté et votre gloire rendaient graves, s'étendaient auprès de vous et, à l'ombre de vos murailles de rosiers, vous épuisiez entre leurs bras timides la hautaine mélancolie de ceux dont l'âme contient le monde, qui se dépouillent sans cesse et ne peuvent plus rien recevoir.

Comme si la musique naissait de la perfection même des choses, l'azur, le silence, le rêve, semblaient élancer autour de vous d'ineffables mélodies.

Ainsi jouissiez-vous de votre vieillesse généreuse.

Mais, ô Saâdi, je veux surtout rappeler ce jour de printemps de l'ère djélâlienne, où vous avez dédaigné les roses de votre jardin et fait honte à votre ami du penchant qu'il montrait pour leur grâce fugitive, par amour de ce qui ne périt point. Ce jour-là, vous écrivîtes les premières pages du *Gulistân*. Comme tous les poètes, vous avez aimé l'éternité, non par un vain goût de la renommée, mais parce que l'ambition est un plus long amour. « Il faut de grands honneurs aux grands courages », disait un philosophe grec ; je suppose que, par honneurs, il entendait l'incessant tribut de la tendresse humaine...

Vos soins, Saâdi, ont reçu leur récompense éternelle. Grâce à vos divines histoires, vous ne cesserez jamais plus de donner des baisers à la fraîche Naziâd dont vous nous léguez le visage et les bras ; de modérer l'impatience du violent, d'encourager le timide, de blâmer la cupidité de l'avare, de consoler le jaloux, le malheureux et le mourant ; — enfin, de superposer à l'univers troublé, la paix de votre chant uni comme le saphir polissé par des limes minutieuses.

Nous possédons aujourd'hui une traduction du Jardin-des-Roses faite selon votre cœur.

Exacte, légère et condensée, disposée dans un ordre gracieux, elle pourrait porter en exergue ce vers inspiré par vos roses à Marceline Desbordes-Valmore :

RESPIRES-EN SUR MOI L'ODORANT SOUVENIR !

En effet, la langue française ne cherche point à rendre l'abondance et l'éclat touffu du récit persan. Mais l'ombre est fidèle autant que pathétique qui dessine sur les joues de la jeune fille le trait rêveur du regard, et décalque, sur la dalle unie d'un blanc parvis, toutes les feuilles mouvementées du mimosa.

La phrase nette et lisse de M. Franz Toussaint tend un pur miroir aux rêveries du poète oriental; par la délicatesse et la sobriété du style, le traducteur obtient cette concision parfaite que Saâdi prisait si chèrement.

Je viens de relire le *Gulistân*. Il m'emplit une fois encore de la précieuse tristesse que nous donne un livre suave tout ensemble par ses délices et son éloignement.

— Ample et languissant bonheur qui mûrissez dans les vallons de Perse, et, pareil au fruit du manguier, périssez hors de vos chauds climats, pourquoi dépêchez-vous jusqu'à nous ces images de votre beauté?

Mais le bonheur, puisqu'il n'est qu'une éternelle attente, quelle étape nous offre-t-il encore dans ces parages divins où toute grâce est accomplie, tout azur immuable, où le désir déborde de satisfaction?

Mes jours s'écoulent, Saâdi, dans un pays où, malgré la douceur d'un ciel de lin, des eaux agiles et d'un frémissant feuillage, les visages, les regards, les passions et les larmes composent un sensible paysage qui nous masque l'univers.

J'écris ces lignes tandis que l'Automne, turbulente et rousse, — bacchante aux mains glacées — détruit le feuillage et les fleurs dans le jardin de mon enfance. Au bord d'un lac azuré que le tiède septembre engourdit, un vent tumultueux entraîne, parmi les parfums du jardin, le bruit et l'odeur d'un train qui passe. Je vois se débattre sous la bise un saule éploré, pareil à un léger nuage enchaîné à la prairie. Dans une étroite vasque de pierre, le jet d'eau pleure et se désole, comme une naïade au col recourbé dont on a détourné les eaux courantes. Une grande déroute inquiète le jardin. Le vent, chargé d'amers parfums, s'empresse comme un messager qui organise un secret départ. Les sombres grives circulent d'un vol lourd, et font entendre leurs cris anxieux. Le vent souffle. Il semble que ce soit, dans le cristal bleu de l'air, le grand coup d'aile de l'été qui s'éloigne...

Hélas! le voilà qui nous abandonne! Le

silence s'étend où fut la vie. Le dahlia, chargé de colliers de rosée, la framboise qu'englobe un des pleurs du matin, surmontent de leur frais sursaut la corruption du verger.

Le vent parcourt un épais sapin, robuste et voilé; ses entrées, ses sorties font un ouragan mélodieux et grave, qui détache de l'arbre des fruits allongés, semblables à d'écailleuses bananes. Glissant sur les rais du pâlissant soleil, les insectes dorés établissent encore leurs alertes communications, et tissent autour du monde vaincu un vaste réseau d'humble amour...

Je vois un écureuil roux se couler entre les branches basses des cèdres, comme une torche onduleuse, faite de feu et de fourrure.

La tristesse que donne un livre comme le Jardin-des-Roses, je la ressens plus fortement pendant ce brisement du temps, à cette époque de l'agonie de la Nature.

Certes, ils embaument à jamais l'imagination, les blancs œillets de Perse, fleurissant dans des pots bleuâtres striés de noirs dessins, sur un petit balcon d'une maison d'Ispahan! Mais c'est en vous que je trouve mon refuge et ma consolation, Automne active et farouche, qui ressemblez au milieu de la vie. Car, de tous ces saccages, de toutes ces brindilles que le vent casse, de toutes ces feuilles mortes, de ces fruits abattus, — ô fière Automne, — vous semblez faire, sous le ciel émondé, un lyrique bûcher, sur lequel vous vous élancez, — déçue, passionnée, orgueilleuse et brave, — pour jeter jusqu'aux nues tout ce qui fait le prix de la vie, et tout ce qui reste d'elle : la flamme et la fumée.

LE BOUDDHA

LE BOUDDHA

J'écoute le silence indéfini des temples d'Angkor et d'Anadapoura, où dans la forêt de piliers le Bouddha de granit veille au fond de l'ombre mystérieuse : ses genoux pliés sont glissants comme les queues des sirènes, et son pied, dans sa main, repose avec la nonchalance et l'abandon délicat d'un pigeon assoupi. Dans ce sommeil du corps tout l'être est opaque, rond, engourdi ; une tige de lotus ou de nénuphar s'enroule autour du bras, fleurit contre l'oreille, chante son mystère à ce visage calme et pensif.

Le Bouddha sourit : rire secret, sagace, sensuel. Au bord des joues, ces deux plis d'un rire éternel, comme une parenthèse qui s'ouvre et se referme, contiennent la connaissance du monde. Et le Bouddha, que je voyais à l'ombre de son temple de pierre, un matin de printemps, dans le musée du Trocadéro, alors que le soleil par le vitrage teinté répandait dans la salle la lumière bleuâtre des matins exotiques, — le Bouddha me disait :

« Je semble être une image de la paresse, de la béatitude et du silence. Mes pieds sont couchés dans mes mains comme d'inutiles et précieux oiseaux ; la mollesse rangée de mes gestes a la forme du cercle et de l'éternité. Le repos s'étend autour de moi en ondes élargies comme la mer calme autour de la mer calme... O mortelle, tu t'émeus, tu me contemples. Pour toi je suis la paix et la méditation, autant que mes bacchantes au masque de plâtre, aux casques sonores, aux jambes arquées, sont le désir et la danse. Mais je souris, et mon sourire infini te dit : « Ne te trompe pas, je suis l'Ironie et la Connaissance de la vie ; comme toi qui passes, et dont les pieds impatients sont avides de tous les pays de la terre, comme toi je ne puis croire qu'au plaisir et à la douleur. En vain les hommes, craintifs, pieux et fatigués, ont voulu me donner l'attitude de l'acceptation et de la langueur céleste dans la pierre poreuse, couleur de rose, qu'on arrache aux montagnes des Indes. Je souriais de leur effort. Tu le vois, je souris, et mes lèvres, que les mouvements de la lumière rendent mobiles, murmurent : « Hélas, hommes imprudents, malgré l'épaisseur des cloisons, la paix des voûtes et les colonnades étouffées, j'entends, j'entends la vie ! Tout fermente, se décompose et renaît comme les forêts de banians au printemps. Il n'est pour les hommes ni sagesse, ni durée ; selon leur âge ils ont une vérité qui se défait aussitôt, comme une trame trop peu solide. Dans l'adolescence, c'est l'audace et le désir qui l'emportent ; dans la vieillesse, c'est la résignation. Mais moi, qui ne loue que la jeunesse sacrée, si je suis assis, immobile, replié, c'est que dans mon pays torride, sous le foudroyant soleil et le feuillage grésillant, le repos est une volupté. Ainsi concentré, je suis au milieu du monde, rond comme l'œuf de l'épervier divin, comme le soleil levant posé sur le nuage de l'aurore. Toi qui viens ici, par cette tendre matinée où l'hirondelle aux ailes bleues passe sur le brillant azur comme une figue jetée haut, quand tu t'es avancée vers moi je t'ai vue t'arrêter, douter : tu n'as pas cru à ma léthargie sublime. Tu le sais, âme attentive à l'univers, celui qui écoute le bruissement du monde est immobile, mais quels orages font en lui les combats des tigres et des lions ! L'oiseleur, le chasseur, le héros, le joueur de disque s'élancent, ils poursuivent un objet étincelant, ils ont la joie directe, étroite et fougueuse de l'enfant qui court ; — mais moi j'entends l'univers. Comme deux fleuves partis d'une haute montagne et qui, en forme de cercle, aboutissent à mes oreilles, le temps me verse le tumulte infini.

» O mortelle, la passion qui ne t'est sensible que chez les humains, la passion qui fait, sur les murs de ce temple, se tordre comme des guerrières furieuses mes danseuses au corps d'insecte et aux bras de reptile, la passion des hommes, qui brûle et fume dans toute l'Inde comme les rivières au bord des villages de paille, — moi, le dieu immobile, je l'entends et je la vois chez les pierres, chez les plantes, chez les bêtes et jusqu'au fond des souterrains espaces.

» Là où dans la nature tu n'aperçois que deux ailes de flamme et un corps plus léger que la moitié de l'amande — le papillon — là encore il n'y a que colère, dard, soif de sang, et déchirement.

» Chère mortelle, — me dit le Bouddha, — mets ton front contre ma poitrine. Entends-tu comme elles poussent en moi leurs ramures, les forêts de l'Inde aux feuilles innombrables, dont tu ne peux avoir l'idée que si tu imagines les marronniers de France combattant d'autres marronniers, les recouvrant, les chevauchant, les dévorant et portant jusqu'aux nues leurs tours de feuillage ?

» Ecoutes encore dans mon cœur : Du phalène délicat au noble éléphant, lourd comme la montagne et bleu comme les sombres nuits, ce ne sont que tortures et que soupirs... »

Et le Bouddha se tut.

Je m'en allai, je traversai d'autres salles ; le soleil, par le toit de vitre, jetait sa gloire bienveillante, donnait sa bénédiction de soleil, et j'aperçus soudain, — chaudement éclairée par cette lumière de miel, — une légère et fantasque statue.

Cette blanche ossature, ce squelette de pierre,

debout, moulée sur une figure funéraire d'une église de Bar-le-Duc, c'est Charles de Nassau, duc de Lorraine. Il n'est plus qu'un squelette rigide ; à l'angle de son coude décharné s'attache encore le net et fin bouclier ; les derniers lambeaux de sa chair tombent de lui, glissent sur ses jambes comme les feuilles d'un arbre que l'ouragan harcèle : on croirait voir un platane à l'automne.

D'un geste de divine allégresse ce mort sans chair, sans lèvres et sans nez, ce plus mort des morts se mêle à la vie ; du geste emphatique, élégant, juvénile et frivole d'un joueur de guitare, — de Don Juan vidant une coupe de vin, — il tient son cœur dans sa main d'os, au bout de son bras levé...

— O squelette plus exaltant que la musique de danse ; symbole de l'intrépide espérance ; beau squelette romanesque, agile et rayonnant, jeune homme joyeux de la terre française, — écorché, dépouillé, mort, tu t'enivres encore de ton cœur !

HYMNE

HYMNE

N'y a-t-il pas comme une guerre
ordonnée aux mortels sur la terre?
Livre de Job.

On était paisible, joyeux, en sécurité, — et aussi irritable, soucieux, actif, indifférent comme lorsque l'on est heureux, et voici la Douleur. Elle n'était pas, elle est. Une minute du temps, une seconde nous séparait d'elle; nous avons franchi cette seconde formidable, et tout l'univers est changé. Comme une crue de l'océan, la douleur, le désespoir, la détresse ont noyé nos chemins, les ont absorbés, engloutis, et nous sommes là, errants, devant cette eau inflexible, — tandis que là-bas, sur la rive opposée, règnent le calme, l'abondance, la possibilité de vivre. Comment atteindrons-nous à ce salut ? Comment dessècherons-nous ou franchirons-nous cette eau épandue, nous, l'exilé, qui courons sans trouver d'issue, de gué, de passage? O Douleur, nous vous boirons goutte à goutte; goutte à goutte, avec nos lèvres désolées, nous épuiserons votre eau amère, qui donne soif, qui donne des larmes et des hoquets, votre eau dévorante. Le front couvert d'une sueur d'effroi, le regard roidi, glacé, hagard, nous aurons du courage, parce que, dans ces moments-là, les poumons voudraient aspirer la mort, — on asphyxie, on espère mourir, — mais on aspire du courage. La détresse ressemble à l'agonie d'un vaisseau submergé, on dirait qu'elle s'abandonne, mais elle est robuste et active comme le sapin des cimes quand il fait de l'oxygène avec un zèle de géant, et nourrit ainsi tout l'espace.

— Douleur, si vous êtes une bénédiction, vous m'avez comblée de vos bienfaits terribles. Vous m'avez choisie parmi les êtres avec un soin minutieux, moi qui passais, furtive, sous les épais ombrages, ou qui vivais reculée dans ma solitude étroite. Vous m'avez désignée pour votre festin de poisons. Vous avez tendu vers moi votre coupe amère et somptueuse, plus vaste qu'un cirque de montagnes où dort un lac vénéneux; mais toujours vous commenciez par la joie; et j'allais à vous, j'avais confiance, je ne pouvais soupçonner vos déguisements. Vous veniez, complaisante, maternelle, et vous me disiez : « Donne-moi ton fardeau. » Et le fardeau des jours simples, indifférents, le petit fardeau des jours mornes et graves, que chacun de nous peut porter sans faiblir, je vous le donnais, ô Complaisante ! Et vous me donniez votre main d'amour, vos regards d'amour, vous me portiez sur vos bras, je possédais l'horizon, vous me combliez d'exaltation ou de paisible, de profond sommeil, et je vous bénissais, Douleur déguisée !

Le léger fardeau de mes jours ordinaires vous le portiez par surcroît, je n'avais plus à m'en occuper ; nous cheminions ainsi, vous splendide et moi reconnaissante ; et je m'arrêtais pour baiser votre main, Amour, et vous vous y opposiez tendrement, car vous ne vouliez point de mon humilité, vous, Munificence !

Les jours coulaient, et, soudain, à je ne sais quel regard, quelle intonation, quelle réticence, je vis, je vis que vous étiez la Douleur !

— Parce que vous êtes supérieure à toute joie,

parce que vous êtes absolue, débordante, patiente, finale, sûre de gagner, inéluctable, je vous vénère, Douleur! Vous me tuez, mais je vous sais un gré infini de ce que votre premier heurt soit si rude: le premier jour on devient fou; le second jour, le troisième jour on vous accepte; on succombe sous un atroce labeur, car la douleur est une foudre incessante et ses secousses formidables roulent, éclatent, détonent avec une frénésie silencieuse dans les abîmes ravagés de l'être, mais on n'est plus révolté, et l'on marche vers la mort comme les Rois Mages vers l'étoile radieuse, empressée, qui annonçait Dieu, et dont les rayons semblaient jeter des clameurs.

— O Douleur, — détresse de l'âme, déception, désespoir, — bien souvent nous avons prononcé votre nom légèrement au cours des journées difficiles ou moroses, mais ce n'était pas la Douleur. Ceux qui vous possèdent réellement, qui communient de vous, se taisent. Muets, ils connaissent votre suffocation, vos angoisses, votre lucide, aride hébétement, vos regards sur d'infinis déserts. Ils ne respirent plus, sur tout l'espace, que ce nuage de fumée touffue et meurtrière qui envahit soudain la nature quand l'éclat de la dynamite a fendu en deux la montagne. Ils connaissent, ces infortunés, le terrible colloque de l'âme et du silence, où l'âme, comme un condamné qu'on mène au supplice, s'épuise à démontrer au sort qu'elle ne peut plus, malgré tout le courage, avancer davantage sur le chemin tranchant.

Mais parce que vous faites tolérer et désirer la mort, qui est l'injure de la nature, Douleur, je vous bénis; la mort qui fait horreur, qui humilie le cœur et les sens, quand, près d'un cadavre respecté, les yeux baissés, le souffle retenu, épuisés de tristesse et de vénération, nous avons pressenti le moment de l'insidieuse dissolution, réponse effroyable et négative à tous les espoirs, à toutes les pudeurs du rêve...

O Mort qui me faites horreur, que j'ai refusé de reconnaître quand je défendais contre vous, contre votre notion même, mon visage et mon cœur qui louaient le jour, ô Mort, je vous appelle, et moi-même j'accours! Venez, panthère joueuse, bondissante, mangeuse séculaire, tête de mort vivace, velue, rougeoyante, venez, élancez-vous vers un cœur éclatant! Détruisez ce cœur qui fut parfait pour la douleur, — lieu d'élection, composé pour elle, prêt à la recevoir, à s'en imprégner, à la conduire, la diriger, la répandre, la faire fructifier. Dérobez-lui ce cœur ouvert qu'elle ensemençait. Mort délicieuse, poignarde en moi le souvenir, dessèche les larmes, romps ce jardin altier où tout était plaintive ordonnance, détruis ce cœur, et tu verras se défaire sous ta dent, bête féroce, un univers plus beau que le clair univers!

La coupole des soirs purs, avec l'harmonie des astres, — lune, étoiles, et leur éternelle méditation; les matins dans la forêt, quand l'azur, le silence, la solitude semblent s'unir pour porter le poids d'un papillon agreste qui flotte sur l'odeur des ronces; les blancs hivers des cimes — plus éclatants qu'un été d'Orient — lorsque la neige heureuse étincelle près d'un ruisseau dormant, languide et noir comme une molle encre de Chine; les rivages des mers du Sud, où les épais parfums règnent comme un cinquième élément, toutes ces saveurs, toutes ces délices que je portais en moi, tu les verras se défaire sous ta dent pointue, tandis que de mon cœur coulera un fleuve allongé, couleur de sang, qui passe, silencieux: secret insondable de l'être, tendresse! tendresse! mélancolie!

Achevé d'imprimer
le 15 Mars 1913.

CE VOLUME EST MIS DANS LE COMMERCE AU PRIX NET DE 7 FR. 50.

Le succès qui accueille depuis quelques années des collections, comme celle des *Bibliophiles fantaisistes,* — ouvrages de luxe par la beauté de l'impression et le chiffre restreint de leur tirage, mais qui néanmoins restent d'un prix abordable, — prouve que leur création répondait bien aux vœux du public lettré. A côté du volume courant à 3 francs 50, à côté des séries à bon marché qui pullulent, il y a place pour des ouvrages qui puissent satisfaire en même temps l'amateur de bonne littérature et le bibliophile.

La collection « To the Happy few » a été conçue selon ces principes. Mais elle séduira particulièrement les collectionneurs par certains caractères nouveaux. D'abord, elle comprendra seulement dix volumes. Les textes, signés des noms les plus illustres, ont été réunis dans un souci de judicieux éclectisme; à côté de pages d'imagination, on y trouvera des œuvres documentaires sur le théâtre, l'histoire ou la musique.

Une telle collection, autant par la valeur littéraire des œuvres éditées que par le caractère artistique de cette édition, sera certainement goûtée par les bibliophiles qui déplorent que la librairie française se soit laissé, depuis trop longtemps déjà, distancer par l'étranger.

Les dix volumes seront publiés dans un format unique, et toujours tirés à cinq cents exemplaires, numérotés à la presse, sur très beau papier.

En outre, quelques exemplaires seront tirés sur papier Edogawa du Japon, texte réimposé, dans le format in-4°, et accompagnés d'un frontispice spécialement exécuté pour eux.

Des dix ouvrages choisis, ceux-ci sont prêts ou sur le point de l'être :

JULES LEMAITRE, de l'Académie française : *Les Péchés de Sainte-Beuve.*

ALFRED CAPUS : *Le Théâtre.*

Comtesse DE NOAILLES : *De la Rive d'Europe à la Rive d'Asie.*

MARCEL PRÉVOST, de l'Académie française : *Paradoxes sentimentaux.*

CAMILLE SAINT-SAËNS, de l'Institut : *Feuilles mortes.*

PIERRE DE NOLHAC : *Le dernier Amour de Ronsard.*

MAURICE BARRÈS, de l'Académie française : *Un opuscule.*

RENÉ BOYLESVE : *Le pied fourchu.*

MAURICE DONNAY, de l'Académie française : *Des Souvenirs.*

COLETTE WILLY : *Impressions.*

Ces dix volumes paraîtront au cours de l'année 1913.

Chaque exemplaire sera mis dans le commerce au prix net de 7 francs 50.

Les exemplaires sur Japon, au prix net de 25 francs.

Avantages réservés aux souscripteurs à la collection complète.

Les souscripteurs à la série complète des dix volumes bénéficieront des avantages suivants :

Contre versement préalable d'une somme de 65 francs pour la collection sur papier ordinaire, de 220 francs pour la collection sur papier du Japon, les souscripteurs recevront, au fur et à mesure de la publication, les volumes portant toujours le même numéro justificatif, et qui (pour les exemplaires sur Japon) pourront même, sur demande, être imprimés à leur nom.

Cette combinaison leur permettra de ne pas courir le risque de ne pouvoir se procurer certains volumes sur Japon. En effet, les souscriptions pour un volume déterminé ne seront accueillies que dans la mesure où il restera des exemplaires non destinés aux souscripteurs à la collection complète, et seulement lorsque ce volume aura été mis dans le commerce.

Au contraire, les souscriptions à la collection complète sont reçues dès maintenant à la librairie Dorbon-Aîné, 19, boulevard Haussmann, Paris.

Collection des Bibliophiles Fantaisistes

Tirage limité à 500 exemplaires numérotés.

Marcel Boulenger. *Nos Elégances*, in-8. . . . . . . Fr. 7.50
René Boylesve. *La Poudre aux Yeux*, petit in-4 . . » 10.00
L. Thomas. *L'Esprit de Monsieur de Talleyrand*, in-8, *épuisé.*
Jacques Boulenger. *Ondine Valmore*, in-8 . . . . . » 7.50
Fr. de Curel. *Le Solitaire de la Lune*, in-4. . . » 7.50
Louis Laloy. *Claude Debussy*, petit in-4 . . . . . » 10.00
Nozière. *Trois pièces galantes*, in-8. . . . . » 7.50
Claude Farrère. *Trois Hommes et Deux Femmes*, petit in-4. . . . . *épuisé.*
L. Thomas. *Les Douze Livres pour Lily*, in-8 . . » 7.50
Maurice Barrès. *L'Angoisse de Pascal*, in-4, . . . *épuisé.*
Louis Loviot. *Alice Ozy*, in-8 . . . . » 7.50
F. de Miomandre. *Gazelle*, in-8. . . . . » 7.50
Paul Margueritte. *Nos Tréteaux*, in-8 . . . . » 8.00
L. Thomas. *L'Espoir en Dieu*, in-8 . . . . » 7.50
Henri de Régnier. *Pour les Mois d'Hiver*, in-8. . . » 7.50
Jacques-E. Blanche. *Essais et Portraits*, in-8 . . . » 7.50
Paul Acker. *Portraits de Femmes*, in-8. . . . . . . » 7.50
Henry Bordeaux. *Les Amants de Genève*, in-4 . . . » 7.50
X.-Marcel Boulestin. *Tableaux de Londres*, in-8 . . » 7.50
L. Thomas. *André Rouveyre*, petit in-4. . . . . . . » 7.50
Claude Farrère. *Fin de Turquie*, petit in-4 . . . . » 10.00

A. ROBIDA

Les Vieilles Villes des Flandres

(Belgique et Flandre française)

Illustré par l'auteur de 155 compositions originales, dont 25 hors texte, et d'une eau-forte. Un beau volume gr. in-8, sous couverture illustrée en couleurs . . . . 15 Fr.

Cartonné toile avec fers spéciaux spécialement dessinés par l'artiste, tête ou tranches dorées, couverture conservée . . . . . 20 Fr.

Il a été tiré en outre : 25 exemplaires sur Japon impérial, contenant une double suite de toutes les compositions, 3 états de l'eau-forte et une aquarelle originale de A. Robida . . . . 100 Fr.

100 exemplaires sur papier de Hollande Van Gelder, contenant une double suite de l'eau-forte et un dessin original à la plume de A. Robida . . . . 50 Fr.

SIDNEY PLACE

Les Fréquentations de Maurice

Mœurs de Londres

Un volume in-18 jésus sous couverture illustrée à l'aquarelle. . . . . 3 Fr. 50

Il a été tiré 6 exemplaires sur Japon à . . . . . 12 Fr.

TH. DE CAUZONS

Histoire de la Magie et de la Sorcellerie en France

I. Les sorciers d'autrefois. Le Sabbat. La guerre aux sorciers. Un vol. in-8 écu de XVI-426 pp . . . . 5 Fr.

II. Poursuite et châtiment de la Magie jusqu'à la Réforme protestante. Le procès des Templiers. Mission et procès de Jeanne d'Arc. Un vol. in-8 écu de XXII-520 pp. . . . . 5 Fr.

III. La Sorcellerie, de la Réforme à la Révolution française. La Franc-Maçonnerie. Mesmer, Cagliostro et le magnétisme. Un vol. in-8 écu de VIII-550 pp . . . . 5 Fr.

IV. La Sorcellerie contemporaine : Les transformations du magnétisme, Psychoses et névroses. Les Esprits des vivants, les Esprits des morts. Le diable de nos jours. Le merveilleux populaire. Un vol. in-8 écu de VIII-724 pp. . . . . 7 Fr.

Il a été tiré quelques exemplaires sur Japon, à 12 Fr. chacun des 3 premiers tomes, et 15 Fr. le dernier.

MARCEL BOULENGER

Opinions Choisies

Un volume in-18, imprimé sur papier vergé teinté . . . 3 Fr. 50

Il a été tiré 3 exemplaires sur Japon à 15 Fr. et 7 sur Hollande à . . . . 12 Fr.

Mes Relations

Un volume in-8, imprimé en deux couleurs sur papier vergé teinté, sous couverture illustrée à l'aquarelle par PIERRE BRISSAUD . . . . 3 Fr. 50

Il a été tiré 3 exemplaires sur Japon à 15 Fr. et 20 sur Hollande à . . . . 12 Fr.

Dr MAUCHAMP
Médecin du Gouvernement français au Maroc,
assassiné à Marrakech.

La Sorcellerie au Maroc

Œuvre posthume précédée d'une étude documentaire sur l'œuvre et l'auteur, par JULES BOIS. Un volume in-8 avec 17 illustrations, la plupart d'après les photographies prises par l'auteur. . . . . 7 Fr.

LOYS DELTEIL
expert à l'Hôtel Drouot

Manuel de l'Amateur d'Estampes du XVIIIe siècle

Un volume grand in-8 de 448 pages sur papier vergé teinté, orné de 106 reproductions hors texte sur papier couché teinté des estampes les plus rares du XVIIIe siècle . . . . broché : 25 Fr.
dans un cartonnage spécial avec couverture conservée . . 30 Fr.
3 exemplaires sur papier du Japon à . . . . 75 Fr.

Ctesse D'APCHIER

La vérité sur Louis XVII.

Souvenirs inédits de la Comtesse d'Apchier,

précédés d'une étude historique par JEAN DE BONNEFON. Un volume grand in-8 avec portrait, vue, fac-similé d'autographe et armoiries. . . . . 7 fr. 50

Il a été tiré 3 exemplaires sur Japon à . . . . 20 fr.

www.ingramcontent.com/pod-product-compliance
Ingram Content Group UK Ltd.
Pitfield, Milton Keynes, MK11 3LW, UK
UKHW021108220726
13924UKWH00004B/1587

9 782019 9152